# 漂流

## 华人移民的身份混成与文化整合

陈国贲 著

暨南大学出版社
JINAN UNIVERSITY PRESS

中国·广州

本书简体字版由中华书局（香港）有限公司授权出版发行。

广东省版权局著作权合同登记号：图字 19 - 2018 - 081 号

**图书在版编目（CIP）数据**

漂流：华人移民的身份混成与文化整合/陈国贲著. —广州：暨南大学出版社，2021.4

ISBN 978 - 7 - 5668 - 2637 - 4

Ⅰ.①漂…  Ⅱ.①陈…  Ⅲ.①华人—移民—研究  Ⅳ.①D634.373

中国版本图书馆 CIP 数据核字（2019）第 124794 号

漂流：华人移民的身份混成与文化整合

PIAOLIU：HUAREN YIMIN DE SHENFEN HUNCHENG YU WENHUA ZHENGHE

著　者：陈国贲

出　版　人：张晋升

策划编辑：黄圣英

责任编辑：雷晓琪　何镇喜

责任校对：苏　洁

责任印制：周一丹　郑玉婷

出版发行：暨南大学出版社（510630）

电　　话：总编室（8620）85221601
　　　　　营销部（8620）85225284　85228291　85228292　85226712

传　　真：（8620）85221583（办公室）　85223774（营销部）

网　　址：http：//www.jnupress.com

排　　版：广州市天河星辰文化发展部照排中心

印　　刷：佛山市浩文彩色印刷有限公司

开　　本：787mm×1092mm　1/16

印　　张：10.5

字　　数：210 千

版　　次：2021 年 4 月第 1 版

印　　次：2021 年 4 月第 1 次

定　　价：45.00 元

# 自　序

犹记得 1992 年，我在日本大阪市国立民族学博物馆（National Museum of Ethnology）作驻院学人时，曾面对近百名日本顶尖人类学家作了一场公开演讲，题目为"根之思、诗、丝"。为帮助思考，事前我就中文"根"一字列了以下中英对照表：

**身份认同类别**

| | |
|---|---|
| （叶落）归根 | fallen leaves returning to roots, origin |
| （斩草）除根 | pulling out roots; total assimilation |
| （落地）生根 | sinking in new roots; integration |
| 寻根（问祖） | ethnic pride, searching for roots, origin |
| 失根（离祖） | uprootedness, in exile, lost one's roots |
| 重根：世界华人 | multiple roots, rooting: global Chinese |
| 无根（？）<br>（世界人） | no roots, rootlessness, cosmopolitan, beyond the local, belonging to the world, on routes, drift |

我当时把"重根：世界华人"（multiple roots, rooting: global Chinese）放在"失根（离祖）"之后，紧接着的是我毕生的理想——"无根（？）（世界人）"（no roots, rootlessness, cosmopolitan）。我在"无根"二字后面打了个问号，那时我对失根和无根究竟是好是坏仍存有怀疑，这种道德困境一直持续至今天。是追根溯源，还是扬帆起程？是落叶归根，还是落地生根？是斩草除根、失根离祖，还是寻根问祖？对于漂泊了大半生的华人、华侨、华裔而言，在数百年后的今天，什么是"新常态"（new normal）？是回归故土，还是持续漂流（drifting）？

过去十二年，我从法国巴黎、荷兰鹿特丹、加拿大多伦多、古巴哈瓦那、

西班牙莫西亚，到新加坡、泰国以及中国香港、澳门、广州、珠海、深圳的各大学做了共十二次专题演讲，集中谈论海外华人在跨越地理、文化、政治、学术、心理、感情边界时自我身份认同（personal identity）的变化，指出文化混成（cultural hybridization）及文化整合（cultural integration）的可能性与可观性，强调文化融合与种族歧视（racism）、种族灭绝及清洗（racial genocide and cleansing）注定会形成强烈的对立，加上"你中有我，我中有你"这种由多元文化交融培养出来的人文精神，势必为崭新文化的制造打下基础，这也可能是促进世界和平、让人类走向终极坦途的必要前提。我一直在努力阅读和思考，通过许多深入的访问、持续的田野调查和旅行，来重新理解新局势下的老问题，足迹也跨越了各大洲，不断写作、教学、透过报纸及杂志发表文章……然而，我脑子里在想的总不是什么文明冲突（clash of civilizations），而是人类文化、文明在有意或无意地邂逅时，各自为何及如何作出妥协、对话（dialogue）、交换（exchange）、互相欣赏，并彼此借入与借出（reciprocal borrowing and lending）、输出及输入（export and import）、给予和接受（give and take），在世界的历史长河里穿梭时间与空间，改变他人，也改变自己。这也是我过去五十年总结下来的文化观及历史观。从离港求学到如今居港生活的五十年光景中，流动似乎是我的生活常态。我在 1969 年从香港飞往加拿大留学，1978 年从多伦多约克大学获得社会学博士学位，然后在官方语言为法语的魁北克省教了九年社会学，再于 1987 年移民新加坡，游历马来西亚、印度尼西亚、泰国、新西兰、澳大利亚、法国、英国、荷兰、葡萄牙、德国、意大利、日本，以及中国的澳门、广州、重庆、北京、上海、天津、成都、厦门，最后于 2001 年"回流"香港——这里是我长大成人、接受中西合璧的教育的地方，也是使我在现代文明的洗礼下受到启蒙的大都会。

2018 年圣诞前夕，我在西班牙莫西亚大学作公开演讲时，曾尝试回答这个问题："How does a Chinese live variously in a foreign country?（华人如何在异国多姿多彩地生活?）"那时我谈及中国古代"五胡乱华"带来的文化混成，绕了一大圈，最后还是回到身份混成这恒久不变的课题上，席间也引来不少回应。后来，居法油画家好友 Alan Chan 将此演讲录像编辑并上传至 YouTube，题为"Hong

Kong Sociologist KB Chan's Speech in Spain on Hybrid and Cosmopolitan Identities",
希望让学者的观点跳出象牙塔，与全球共同关心文化共融的有心人互相交流心得。

过去二十年，我从未停下思想的步伐，就文化混成、世界人、世界公民、世界华人、世界主义这一连串环环相扣的课题作了深度研究及探讨，奋力笔耕。除了本书以外，我还出版了共十四本中英文专著。我在此列出主要书目，望能以文会友，在全球华文世界寻觅知音：

1. *Alternate Identities*: *The Chinese of Contemporary Thailand* (Singapore and Leiden: Times Academic Press and Brill, 2001) (with Tong Chee Kiong)

2. *Chinese Identities*, *Ethnicity and Cosmopolitanism* (London and New York: Routledge, 2005)

3. *Conflict and Innovation*: *Joint Ventures in China* (Boston and Leiden: Brill, 2006) (with Leo Douw)

4. *East-West Identities*: *Globalization*, *Localization and Hybridization* (Boston and Leiden: Brill, 2006) (with J. W. Walls and D. Hayward)

5. 《华商：族裔资源与商业谋略》 [香港：中华书局（香港）有限公司，2010]（简体版将由暨南大学出版社出版）

6. *Hybridity*: *Promises and Limits* (Toronto: De Sitter, 2011)

7. *Mobile Chinese Entrepreneurs* (London and New York: Springer, 2011) (with Chan Wai-wan)

8. *Cultural Hybridity*: *Contradictions and Dilemmas* (London and New York: Routledge, 2012)

9. *Hybrid Hong Kong* (London and New York: Routledge, 2012)

10. *Living Intersections*: *Transnational Migrant Identifications in Asia* (New York: Springer, 2012) (with Caroline Pluss)

11. *The Chinese Face in Australia*: *Multi-generational Ethnicity among Australian-born Chinese* (London and New York: Springer, 2012) (with Lucille Ngan)

12.《漂流：华人移民的身份混成与文化整合》［香港：中华书局（香港）有限公司，2012］（繁体字版）

13. *Return Migrants in Hong Kong*，*Singapore and Israel*：*Choices*，*Stresses and Coping*（Switzerland：Springer，2020）（with Wai-wan Vivien Chan）

以上书单并不包括我就混成（hybridization）和世界性（cosmopolitan）等相关课题为学术期刊编写的特刊以及散落在各期刊及专著的学术论文及章节共十六篇。

今年，我还是停不下来。由意大利学者 Ervin Laszlo 及 Alfonso Montuori 主编的美国哲学期刊 *World Futures* 刚邀请我出任一特刊的主编，暂名为 "Hybridity，Cosmopolitanism and Universality"，反思混成、世界主义及全球性三个概念。"World Futures" ——这期刊起了个好名字。我近年幻想的正是那个多元多样的未来。近月收到几份名家的文稿，写得精彩绝伦。另外，我也准备为德国及美国的 Springer 出版社（它们可是我的 "忠实老板"，近年替我一口气出版了七本书）编著学术专著丛书，题为 "Motions and Mobilities"（《移动与流动》）。忙是忙了点，但不亦乐乎。我期待看到多元思想和丰富感情的澎湃而至，并目睹不同道德碰撞所擦燃的绚丽火花。

走笔至此，骤然想起宋朝诗人王安石的《再至京口寄漕使曹郎中》：

漂流曾落此江边，

忆与诗翁赋浩然。

乡国去身犹万里，

驿亭分首已三年。

北城红出高枝靓，

南浦青回老树圆。

还似昔时风露好，

只疑谈笑在君前。

以及唐朝诗人贺知章的《回乡偶书》：

> 少小离家老大回，
>
> 乡音无改鬓毛衰。
>
> 儿童相见不相识，
>
> 笑问客从何处来。

近年来，我开始循着黑格尔及马克思的唯物辩证法（dialectical materialism）对漂流进行思考。在重新检视我累积了十多年的一手访问及田野调查资料时，我的注意力也开始集中在漂流的另一面（the other side），甚至其阴暗面（the dark side）。我与陈惠云在新书 *Return Migrants in Hong Kong, Singapore and Israel*（2020）里指出：流动者急速穿越多重不同的边界，进出于不同的文化及国度时，已经不知不觉地成为"混成人"（hybrid man），这是可喜可贺的；但在异国他乡生活时，他惊觉自己经常被他人甚至同乡视作"陌生人""异客"。漂流化作飘零、零落、沦落甚至沉沦，于是他们感到被误解、孤独、无助、痛苦。肉体及知识的流动（physical and intellectual mobility）并没有如愿以偿地为他们带来向上的社会流动（upward social mobility），混成人年复一年地等待、期待、挣扎……最后也许"客死异乡"。这是可悲的，也是混成化（hybridization）的悲惨代价。

"漂流"和"离乡"对应"扎根"和"回乡"，两种形态互相替换（in alternation）。纵观千百年来的华人移民史，兴许俱是常态。

趁广州暨南大学出版社为《漂流：华人移民的身份混成与文化整合》一书在神州大地以简体字出版之际，我写下以上的简短思考，当中涵括了我数十年来的点点滴滴，有甘有苦，百感交集。作为一个花了大半生兜兜转转的流动者，当我回归这"东方之珠"时，旧地重游，难免有一番感慨，可真是"乡国去身犹万里"。我的学术生涯与个人自传环环相扣，密不可分，又何尝不是文化混成的另一种演绎呢？此时此地，放眼全球乱局，只觉怅然若失，皆因"世界和平"的前景仍显渺茫。

此时此刻，脑海里的万千思绪在社会学的理性与文学的感性之间密密交织，容我把它们化作文字，来一首诗与古人咏唱：

## 落花飘、浮萍漂

落花飘

浮萍漂

无情雨打芭蕉

故人半零落


他乡萍水相逢

华洋两情相悦

纠缠

抚摸灵欲

却聚少离多

异国情鸳惊梦散


两尊泥人心碎身碎

肢体肉骨混成一团

分不出你我

然后

乖巧工匠

塑造童男童女

去根

失根

重根

劫后重生

再生

问是谁家你我

地北与天南

流水落花好过秋

西东不问

天上人间

不漂不流，不流不变。百川汇海，有容乃大，谈何容易？1985 年我在加拿大蒙特利尔找了北京书法家翟所钺为两个孩子写了"宁静融和"四个大字，男的名宁，女的名融，是我对陈家下一代的心愿与祝福，也是另一种境界。

是为序。

香港鸭脷洲深湾轩

2020 年 10 月 10 日清晨

# 前　言

保罗·高更有一幅气势磅礴的油画作品，光是画题便已惊世骇俗：《我们从何处来？我们是谁？我们往何处去？》，这不啻是古往今来，无数哲人、俗士、智者、凡夫共同的生命终极问题。问题可大可小，小则为一己之忧患，大则为全人类之兴衰，惟理路则一。我这本论文集则取中间向上一点的高度：研究一个族群，一个世上最大、最复杂的族群——华人。

## 一、华人从何处来？——族群特性的流动性

世人，包括华人自己，总对华人抱有刻板印象，其中之一，就是对"根源"的强调。华人好像都应该"寻根问祖""落叶归根""饮水思源"。华人有几千年的历史，若不好好追溯，似乎暴殄天物，事实上不少华人也为其悠久的历史自豪。这就容易使人产生错觉，以为中国本土的华人和散居世界各地的"海外华人"，是一个独特的整体，因为他们拥有同一"根源"。

如此一来，族群性能否在不同时空下倒模复制，或原封不动地移植到世界各地？一些研究族群的学者则另有看法：族群性及族群边界，其实经常处于流动、松散的状态。首先，群体内的不同个体行动者，对族群性有自我选择的能力；其次，群体也经常改变自身，以响应周遭环境对其的影响。先天赋予的特点，例如性别、血缘、肤色等，固然有很大影响，但未至于主宰了一切。与大多数社会学问题一样，这是一场决定论（determinism）与自主论（voluntarism）的角力。

例如，华人的形象总与商人联系在一起，那么，精于商道是不是华人的族群特性？问题是，成功的商人不一定是华人，华人更不一定是成功的商人（Not all successful merchants are Chinese, not all Chinese are successful merchants）。很多华人在异乡从商，既不是因为中国文化有某些重商因素，也不是因为华人受过特别

的商业训练，更不是因为华人天生流淌着商人的血液，而是情势所迫，受所在国的主流社会排斥，与政治或其他专业精英的生涯无缘，从商成了剩余不多的选择，他们实际上是"非情愿的商人"（reluctant merchants）。

华人在异国比在祖国的时候更像一个"华人"，因为"华人"族群边界的建立，有赖华人以外的族群，亦即"他者"的存在。"我"与"他者"的辩证关系，动态地塑造族群边界。所以，"华人从何处来"，不只是一个物理性的或调查人口迁移的地理人口学问题，更是一个社会学上的族群关系问题。认识到这一点，我们便可以进入下一个问题。

## 二、华人是谁？——族群特性的同构型与异质性

既然族群性变动不居，那么中国、加拿大、新加坡、澳大利亚以及世界各地的华人自然有差异，甚至一国之中也有内部差异，例如在加拿大，温哥华的华人与蒙特利尔的华人就有所不同。在一切都在流动、一切都不确定的后现代社会情境里，判别一个人是否为华人，或是否为任何一族群的人，变得愈来愈困难。某一标准在一地有效，在另一地却未必。例如在以华人为主流族群的新加坡，分辨华人与马来人可以依据肤色，但在纽约，华人与韩国人能以肤色区分吗？

社会学者则总要质疑、解构原本好似理所当然（taken-for-granted）的事物，族群性便是其中之一。谁是华人？谁不是华人？华人究竟是谁？如何才算一个华人？何时、何地是一个华人？华人很少会自发思考这类问题，直到他漂泊于一个陌生的地域。他苦苦探寻，却难以找到答案，开始对自己也感到前所未有的陌生。

一个族群之确立，自有一定程度的同构型，这就是世界各地的华人都以"华人"自居的基础。那么，华人的同构型在于什么？在一切都在流动、一切都不确定的后现代社会，这个问题越来越难以解答。或许仍然维系所有华人的，单纯就是"华人"这一标签，近乎抽离了时间（华人的历史文化）和空间（华人的传统居住地），变成强烈主观的个人及群体信念。而是否使用这一标签，仍在不同的时间和空间，由形形色色的华人个体自愿或非自愿地决定，并有意或无意地突

出、夸大或隐藏其华人族群特性的某一或某些方面。

于是，一个人是否是华人，就变成了自我标签的问题，甚至成了为达到某种利益而采取的谋略。他虽然只有一张面孔，但能因应场合，为了利益，适时变换面谱。族群性成了表演工具，他要如何演出一场又一场种族或族群戏剧，完全视乎演员和观众。就算我们在一个族群内发现了某种同构型或异质性，它们也会在瞬息万变的辩证关系中糅合、转换或重塑。

当我们能摆脱本质主义、纯粹主义的迷思，便能进入下一个问题。

## 三、华人往何处去？——族群特性的混成性

无论从种族上抑或文化上，中国文化的形成，本来就是一次又一次混成的结果。汉、唐之间就是一次种族和文化的大混成，汉人混合了胡人的血统，以儒、道为代表的本土文化又混合了西来的佛教，于是有了唐代的辉煌；相反，清代统治者在种族上采取隔离政策，在文化上闭关自守，结果使中国停滞落后。

一代又一代的华人漂洋过海，在他乡落地生根，则是在中国以外的地方上演文化混成的戏剧。他们的仪式、行为、思想以及衣食住行等各方面，皆或多或少混成了别的文化。华人的族群性，或者说华人性（Chineseness），在海外华人中似乎变得越来越难捉摸、越来越难理清，但并不代表会就此消失不见，而是以崭新的面目，由越来越多样化的华人、半华人或非华人传承和诠释，他们难以抗拒成为一名"混成的人"（the hybrid man）。

将来，随着国际人口流动愈加频繁，混成的人将越来越多。身处两种或更多种文化之间，他们拥有更多的选择，也就拥有更多自由，而不一定拘泥、固守原有的族群特性。在异乡的华人固然会改变，而这些经过混成化的华人如果有一日回流到原居地，又会因他的异国经验，影响周边的人。混成的人好像身在夹缝中，有苦有乐，但从古至今，他们皆是文化更新的先锋，为自己、族群、国家乃至全人类开创更多可能性。我相信，混成亦是消弭国家、种族与族群间纷争的最好药方。这样一来，族群研究，就不是纯粹的学术研究，更是达致世界和平的努力了。

## 四、结语

高更所描绘的，是太平洋大溪地岛的土著生活，但其内涵却反映了全人类的共通命运。我的研究对象虽以华人为主，但研究所得，又何尝止于反映一族一群？

种族和族群问题，总是令学者捉摸不定。Harold Isaacs 便以"雪人"来形容族群性——即便寻得，它也会融化不见。我们充其量只能找到族群性变化的规律，但规律本身可能也在变化，这是何其具有挑战性的课题！

陈国贲

2020 年 10 月

# 目　录

# 文化杂交与混成

# 陌生人的苦与乐

在道德视域中，陌生人是指人们漠不关心的人，这种冷漠的态度使陌生人更加得不到关心。

我们可以说，假如没有陌生人，陌生人也需要被创造。

——齐格蒙特·鲍曼（Zygmunt Bauman）

《后现代伦理学》，Blackwell，1993 年

许多社会理论家描写现代人在世界各地的城市中的种种遭遇，而 Georg Simmel、Alfred Schuetz 笔下的"陌生人"（stranger）及 Robert E. Park 的"边缘人"（marginal man）则激起他们无尽的想象。受 Simmel、Schütz、Park 以及芝加哥学派启发，我沿循上述学者的学术足迹，借鉴种族和族裔社会学的研究成果，并结合传记经历，深入思考下列主题：认同、无家可归、偏见与歧视、生活与适应问题的处理、族裔凝聚力以及移民企业家精神。

陌生人身处陌生之地，内心必定会经历无数次的焦虑不安，这是"陌生人的苦"。然而，陌生人那种介乎我与他者之间的双重意识（double consciousness），或称精神二重性（mental duality），也可算一种天赋，这得益于他们必须独立解决自我与他人、"我们"与"他们"之间早已存在的冲突，并要将双方融为一体，否则他们将崩溃、灭亡。世界日益被种族中心主义、战争、暴力和恐怖主义分裂，身处其中的人们亟须创造一种同情和开放的新语言，否则无言的痛苦将会延续下去。于是，嵌入同情的理念，以及运用相互比较之法，"混成"（hybridity）的概念便应运而生。

在 1987 年社会人类学家协会召开的年会上，Edmund Leach 宣称："客观的部落民族志没有未来。民族志学者必须承认其行动的反思性，必须变得具有自传性，从而更好地理解历史民族志。"

1989 年，社会人类学年会于约克大学召开，主题为"人类学与自传"。随后，Judith Okely 和 Helen Callaway（1992）编辑出版同名书籍。两位编者邀请论文作者们讨论三个主题：身为田野工作者的人类学家、身为特定文化一分子的人类学家和身为作家的人类学家（Okely and Callaway，1992：xi）。

美国社会学学会 1986 年的年会主题是社会结构与人类生活的互动关系。此

次年会上提交的论文由 Matilda White Riley（1988）编辑，出版为两本书。在第二本书中，八位社会学家以自传方式解读其自身经验，"以他们迥异的生活作为衬托"。在开篇的文章里，Robert Merton 为社会学家所写的知识性自传太少而惋惜。他认为自传作者"是同时扮演参与者及观察者双重角色（dual-participant-observer role）的最终参与者，比别人更了解自己内心的经历——在某种意义上只有自传作者才能了解自己的内心世界。自传作者能够以他人所不能的方式反省和回顾自我"（Merton, 1998：18），而 Merton 的社会学自传概念是指"运用社会学的视角、理念、概念、研究成果和分析步骤，建构和理解叙述性文本，其主旨是在个人所处的时代大背景下讲述个人历史"。

Merton 认为社会学自传（sociological biography）具有两个关键特征。首先，建构出来的个人文本描写社会结构与人类行动者、角色集与知识发展之间的动态关系——这对社会学家的理论承诺、研究问题和调查地点的选择都有意义。其次，文本将"社会学家的知识发展既与变化的、触手可及的微观社会及认知环境联系起来，也与包罗万象的宏观社会及文化环境联系起来"（Merton, 1988：20）。在反省和回顾中，社会学自传作者将自身的"经历与兴趣点"置于实实在在的历史时刻，因此，建构而成的文本借着"社会学的目光"密切注视历史、社会结构、文化与个人间的互动关系，聚焦于知识发展，而不是知识成果。

C. Wright Mills 在 1959 年所著的《社会学的想象力》一书中，富有感情地写出个人生活和知识生活如何不可避免地相互交织。他也将我们的注意力引向以下事实：社会结构影响个人境遇，公共事件引起个人困扰。因此，社会学家"自我指派"的任务就是理顺个人经历、历史和社会结构间的关系。社会学家经常发现他们处于特定的历史时刻和社会网络中。Mills 既表达了对各种制度设置之"强大"（bigness）和具压迫力的震惊，也就人们适应和反馈社会环境时所表现出来的特色和个性给予独特的阐释（Gerth and Mills, 1953）。Mills 延续 John Deway 和 William James 的个体主义精神和实用主义精神，把个人对环境的应对和适应作为他一贯的论说主题（Mills, 1964）。

所谓"海洋到处，就有华人"，华人的足迹早已踏遍全球，我本人的生活经历和情感关注可以说是海外华人经验的一个见证。在认识海外华人的过程中，我对自己的认识也在慢慢深化。萨特（Jean-Paul Sartre, 1905—1980）写过两卷本的福楼拜（Gustave Flaubert）研究（1981, 1987），符号互动理论家 Norman Denzin（1989：64）指出，萨特对福楼拜进行自传式研究，是为了在福楼拜身上找到自己的影子。"为什么是福楼拜？有三个原因：首先，纯粹是我个人的原因……1943 年我正在阅读福楼拜的信件……我感到跟他有账要算，所以应该更好地了解他。"（Denzin, 1989：64）萨特借着分析福楼拜来分析自己。

# 一、多方位、多方式观察

多年前，我在新加坡结识了 Frank Wong，他是华裔加拿大人（Chinese Canadian），或者应该称他为加拿大华人（Canadian Chinese）？几年前他来到香港。一直以来他都想和我一起到中国内地旅游，我俩都出生在广东江门，一起回乡看来是个不错的主意。我打算带上两个孩子，他们在加拿大蒙特利尔出生，在新加坡长大。我曾多次回到出生地，每次都感觉自己获得了新生。我于 1950 年随家人逃难到香港，而我的朋友则比我早一年到香港，之后就再没有踏足过家乡。他和我同行回乡，这是他在离开家乡超过半个世纪之后第一次重踏故土。而我的孩子，也是第一次看到他们祖父当年兴建的庭院。

我有一个在江门政府部门工作的朋友，是个聪明、快乐、友好的女士，她开车带着我们兜风，很快就找到 Frank Wong 出生并生活过的那所房子。令人遗憾的是，房子锁着，但他并不失望，他把头一次次敲在前门的边墙上，大声喊着："我回来了！我回来了！"墙上的白漆剥落，黏上他的前额。顷刻间，家就刻在他的心里。他喃喃自语，说想看儿时睡过的那张床，还寻思着能不能把它带回加拿大。他说了很多，但还有更多难以言表。

我的两个孩子比较幸运，可以走进祖父的房子。如今这所房子住着几户人家，我们和他们聊天、合影，并和其中一家交换了地址。所有的一切都是那么温暖，那么惬意。我观察两个孩子的表情，儿子似乎被这一刻打动，能与他所知甚少的家族历史接触，多么神奇啊！女儿表现出与儿子不同的心情，很明显，她陶醉在四处张望的快乐和好奇之中，想象着这所房子曾经何等宽敞、何等漂亮。或许我的两个孩子也为他们的家族、祖父，以及如今不复存在的生活方式感到一丝自豪。

我的朋友和孩子可以说是不同的两代人，因而对于家乡、房舍有差异明显的经历和感受。对朋友来说，阔别半个世纪后重踏故土，那次的经历肯定拨动了他的心弦，撼动了他的心灵，难怪他说以后还要回来。对我的孩子来说，将来可能还会无数次面对作为现代人的认同问题，这次经历只不过是其中之一，真正的影响可能三四十年后才会发觉，到那时，他们将感谢我……又或者不会，天晓得。

虽然我的朋友和孩子对那次归乡之旅有不同的感受，但他们都有一种强烈的意识：中国之外还有一个家。在中国时，他们知道别处也有个称之为"家"的地方，而且不久就会返回那个家。对 Frank Wong 来说，那个家是温哥华，对我的孩子来说，那个家可能是他们出生的地方蒙特利尔，也可能是成长的地方新加

坡，或是完成高中学业的地方中国香港，又或是他们上大学的地方多伦多。一种多重意识深深植根于他们的精神里，至少植根在我老朋友的精神里。在温哥华时，他会想起中国；而在中国，他又会想起温哥华。

这种自我的分裂，与病理学意义上的分裂（如精神分裂症或人格分裂）有同也有不同。这种"在别处"（elsewhere-ness）的感受能够产生真正的心理力量和精神力量。一个人穿梭于两个社会、两种文化和两种存在与思考的方式之间，其心理和认知都在变动之中。旅途中，我的朋友和孩子对事物有更深的认识，自身也获得改变。像他们这样的人总是在作比较，知道一件事，可以这样做也可以那样做。社会学家认为，这些人经常会提出新的想法与做法，或指出另外一种可能性的存在，从而享受更多的个人自由。他们比他人更容易摒弃群体的偏见。也可以说，正是这种思维的灵活、感情的双重结构，使数千万海外华人能够避免被禁锢在单一的传统里，能够换位思考，发现替代选择，因而变得更具现代感，更富有魅力。

在这个快速变迁的世界里，这种换位思考的个人能力，确实是智慧之源，这很可能是因为一个人不只有一个家，而是与多个地方维系着精神纽带，因此能够站在不同的角度思考问题。双重性（doubleness）是客观性和创造力之母，可使人们的知识视野更宽广。思考处于运行移动的状态之中，立论必须在穿梭于不同地方的过程中被发现。

# 二、受害与自由

我出生于 1950 年，我的父亲白手起家，在村子里是个大地主，可是由于政局改变，我们一夜之间一贫如洗，后来，我和家人一起前往香港。像其他在香港长大的孩子一样，我的童年生活虽然贫穷，但可能因为还年少无知，或者因为当时身边都是和我有同样经历的人，我并不觉得自己是个远离家乡、饱受歧视和被敌对、惨遭抛弃的局外人。当时整个社会都有一种大家坐在同一条船的感觉。庆幸的是，虽然前往香港的过程充满艰辛，但我的家庭大致能够保持完整。来到香港不久，在 1952 年，父亲将我的两个哥哥送到越南的富裕亲戚那里。1969 年，我离开香港到加拿大求学。

在加拿大读书时，我并没有花费太多的时间去思考或书写"陌生人"的生活及其在社会中的遭遇。那时我对社会学理论、社会思想和哲学充满兴趣，同时也喜欢文学、戏剧和创作性写作。换言之，我对思想和情感，以及两者在人类行动和社会中的角色很感兴趣。我喜欢的东西既抽象又具有理论性。出于对现实的考虑，学习理论和思想有助于我成为社会学家，而作为一个外国留学生，我过着陌生人的生活，身处冷漠、陌生、遥远的国度，和其他中国留学生住在那贫民窟似的地方。尽管如此，当时我也并没有意识到自己的苦况，自然也就不会有兴趣以学者的眼光观察陌生人的苦痛。虽然我已经从古典社会学家那里学到许多有关异化、失范、自我隔离和剥削（自我剥削和被他人剥削）的知识，但学生时代的我并没有写过任何与之相关的文章。Simmel（1908）的经典论文《陌生人》、Schuetz（1944）的同名论文，以及 Park（1928）和 Stonequist（1937）有关边缘人的著作，以饱含理解、同情的态度及丰富的想象力来描写身处异乡的陌生人内心的焦虑不安。在我看来，他们的著作是社会学研究中难得的优雅之作。但在加拿大留学时，"边缘人"的概念基本上是我意识之外的东西，也因为内心根本没有意识到自己的"边缘人"身份，因而也就没有太多的身份困扰。

1978 年，我第一次开始思考陌生人的处境。从那年开始，我教授社会学，并在加拿大从事有关亚裔人的田野考察工作。在做问卷调查、访谈的过程中，我听到了许多种族歧视的故事，也感受到了他们心中那份难以言喻的伤痛。我开始对附加在种族特征上的污名（stigma）感兴趣，无论污名是真实的还是想象的，都是"差异"和"他者性"（otherness）的表现。我也开始分析人们怎样处理歧视对自我意识造成的破坏。对这些问题的关注，很自然就促使我开始做一系列有关唐人街的研究工作（Chan, 1991）。当移民感觉自己对当地人来说是陌生人时，他们之间往往会相互吸引，建立紧密团结的小区，作为应对他人敌视的制度性防御。在这种意义上，唐人街的出现实际上是一种自我防御的策略——移民们联合起来，通过与外界保持距离，试图隔绝种族主义带来的伤害。随后的一段时间，我研究矿工、老年妇女、小区领袖以及难民等不同的群体，将材料整合成一门社会学，以展示对于种族歧视的社会性响应。对移民和陌生人来说，应对歧视看来已经成为他们生活中一个突出的部分。

20 世纪 80 年代早期，我的注意力转向那些被迫从越南、柬埔寨和老挝逃难到加拿大的"东南亚船民"，其中包括我的两个哥哥，他们那时已结婚生子，两个家庭共有九口人。1980 年，尚未成家的我，正式成为他们的资助担保人。我在香港的东南亚难民营（第一收容港）做实地考察，同时也在蒙特利尔的几个东南亚人小区作调查——当时蒙特利尔是这些东南亚人的定居点。我从多个角度研究那些被迫迁移的群体：难民营中那种可能持续多年的、仿如身陷监狱的氛围和压力，因在新落脚地上的家庭状况、地位的改变和故土的改变而涌现出来的那种情感上的迷失、痛苦与哀伤等，这些都捉住了我的注意力（Chan and Indra, 1987）。当时我的研究主题是难民的生存状态，更确切地说，是被迫迁移如何或好或坏地改变了难民。从难民们讲述的故事中，我可以很明显地看出，许多被迫

迁移的人，不管是在内在情感上，还是在与社会的外在联系上，都经历了一种被迫断缆、无所依靠的痛苦。这些人无论身处何地都被视为陌生人，正如 Kristeva（1991）试图告诉我们的一样，有一些人甚至对自己也觉得陌生（self-estrangement）。为了在困境中生存下来，人们走在一起，建立起各种正式或非正式的组织、协会和社团，家庭成员定期聚在一起饮茶吃饭；移居时间比较长的人组成互助团体帮助新移民。人们在这些非正式的社会联系中，构建社交网络，强化凝聚力，发扬互助精神。像唐人街一样，难民建立的社会组织一方面是为了自我防御，另一方面也是为了维持自己原有的生活连贯感、认同感和角色意义。

研究难民营的社会学，像研究其他"全控机构"（total institutions）（Goffman，1961）——如集中营、监狱和精神病院一样，也关注社会结构如何限制、控制以及迫害个人和群体。传统社会学认为，社会结构影响人类生活，Berger（1963）提出的两个概念是最形象的例子："人在社会中"（man in society）和"社会在人中"（society in man）。人既然依存社会，自由便被社会限制。在这一观点之下，社会学家视难民为监狱般管理体制的受害者，其在难民营中的生活状况是无助、无意义和异化的。顺便提一下，这种将难民视为无能为力的受害者，因而需要各种救助组织提供帮助的观点由来已久，并且非常普遍，拥有第一收容港和定居点的国家以及援助国也都持这一观点。这个标签以一种深刻、有力的方式，将庞大又复杂的难民救助产业合理化、合法化！真的是非常讽刺，国际援助产业若要以救助者自居，则其人道主义道德之维持，反而需要依赖难民以受害者身份存在。与之相似的一个观点认为，难民是社会的累赘或成本（而非资产）。难民加重收容国的资源压力，这一观点实潜藏在全球的限制政策（如限制进口、限制移民等）之下。难民似乎是永不停休的"负担"，因此几乎没有国家愿意接收他们。难民无国可留，无家可归，总被视为多余，他们在自由和精神错乱之间摇摆，永远处于漂泊不定的状态，备受冷落，只能漫无目的地四处流浪。难民的生活状态与 Victor Frankl（1984）对集中营的生活描述相似，两者都是"临时性的存在"（provisional existence）。Frankl 援引奥地利诗人里尔克（Rilke）的诗句来表现难民的存在状态："前方还有多少痛苦！"（Wie viel ist auf zu leiden！）里尔克在说"前方还有多少痛苦"时，就像我们说"还有多少工作要做"一样，但前者在本质上程度更为强烈。

还有一种研究难民营生活的视角，与传统社会学的视角截然不同，这种视角从人类生活如何影响社会结构出发，在研究取向中，相关的社会学问题是，个人以及群体如何通过发展和采取适应策略来理解与应对难民营生活的重压（如过度拥挤、缺乏隐私、失去地位、安家的无期以及官僚作风等）？个人和群体处于难民营权力架构中的不同位置，其获得资源的能力是否相同？社会学家之所以提出这些问题，旨在从根本上重构和反思关于难民的各种印象。难民不是受害者，而是有目标导向、积极的行动者。正如 Berger（1963）即使充分意识到人们受到社会的重重局限，仍独具慧眼地指出，人们能够在外界控制力量的压迫下发展出洞察力，从而得到"解放"，能够干预并最终改变外界环境。Berger 指出，社会控制有其弱点和漏洞，从社会学的视角解读这些不完善的地方会带给人们惊喜，人类有希望得到解放和改变，因而突出"拟剧论"（dramaturgical theory）的欺骗性和简单性。人们能感受到先是在意识上，继而在行动上"迈出"压迫系统时所带来的狂喜。Berger 这种与众不同的对人与社会关系的辩证思考，巧妙地引导社会学家将难民的角色改换为应对者、幸存者甚至"战士"：难民在适应物理环境、人际环境和社会环境的过程中，不断在其内部创造"文化"。社会学的符号互动理论用这种观点来解释人性的"怪异"。从下列心理学家的理论和著作中，也可以找到这种观点的影子：Brehm（1981）的"抗拒理论"（reactance）、Seligman（1990）的"习得的乐观主义"（learned optimism）、Eitinger（1964）有关纳粹集中营幸存者的著作，以及 Frankl 的"意义治疗学"和"追寻意义"（search for meaning）概念。这种观点还可以在心理学研究中找到，尤其是在处理压力的各种临床和实验研究中（Chan，1977），包括 Antonovsky（1979）的抵抗资源（resistance resources）概念、Rotter（1966）的内部控制中心观点（internal locus of control）、Kobasa（1979）的心理抗性（psychological hardiness）概念，以及 White（1974：47-68）的适应策略（strategies of adaptation），以上概念都指出，民间英雄可能存在，他们能够经受狂风暴雨的侵袭以及各种生活压力，并且比以前更坚强、有更强的适应力。

Richmond（1988：16）指出，一种静态的社会学观点将社会结构的限制理解为：

> 源自结构属性的"给定"本质，个人不能改变结构属性，结构属性限制了选择范围。然而，Giddens 的"结构化"概念取代了将社会结构视为完全外在于个人的静止观，转而强调人们通过"自由行动"创造和改变社会结构的过程。

Giddens（1984）关于创造和改变社会结构的见解，与古典人类学家一致，后者认为人类在进化过程中不断创造"文化"，并将其置于人类自身及其环境之间。Richmond（1988：18）写道："人们可以将危机看作威胁、损失，也可以看作挑战。"

Richmond（1988：17）引用 Giddens（1984：173）的观点，指出资源的限制同时也是机会："在关上一扇窗的同时，也打开了其他机会之窗。"不过，在我

们推翻"社会结构影响人类生活"这一论点时，要警惕矫枉过正或完全否定"社会决定论"。换言之，不要走向另一个极端——"心理学决定论"。调和"社会结构影响个人"和"个人影响社会结构"两个极端观点的过程，可形象地看作是连续左右摇摆的一系列协商行动。Richmond（1988：17）认为："所有的人类行为都受到限制。选择不是无限的，而是取决于结构化的过程。然而，不同的个人以及群体的自由与权力是受情境决定的。"这种关于个人动机和社会行动的理论充分意识到人们所处的吊诡状态，同时也抓住及产生了社会学与心理学对难民、种族关系研究不同视角之间的有益张力。因此，我们不再以一种非此即彼的立场来讨论自由，研究者应严肃、准确地采纳"自由程度"（degrees of freedom）这一概念。"自由程度"由特定时间、特定地点的特定难民或少数群体与社会的协商关系而定。社会学家的任务就是去厘清这样的协商过程。

考察人类与社会结构之间的协商过程具有显明的方法论意义。这样的考察意味着社会学家会细致、详尽、系统地观察少数群体如何"群策群力"（doing things together）（Becker，1986；Ben-Yehuda，et al.，1989），以改变自身状况。生存往往是集体游戏或集体化的游戏。一旦社会学家接受这一基本前提，他的工作就是寻找他们进入社会组织的途径，以及了解他们采取集体策略以应付生活压力的过程，人类学家称之为田野工作，符号互动论称之为参与观察。简单来讲，研究者通过实地聆听、观察和记录，思考研究对象如何理解、协商以及控制日常生活。

# 三、结构与文化

让我们把目光从被迫迁移的难民转移到海外华人身上。海外华人具有两个特点，一是受到歧视，二是相对于所在国的本地人，他们有那被夸大其词的自雇（self-employment）现象。社会学家一方面利用种族与族裔关系的相关理论和文献，另一方面利用经济社会学，以期将上述两个现象联系起来。种族与族裔关系社会学有大量深入的社会学理论来理解陌生人遭遇偏见、歧视的感受，他们应对以及适应不同待遇的策略。无论是从个人还是在集体层面上来看，他们都是利用族裔资源，以创业自雇作为最主要的应对策略。这样一来，在种族与族裔关系社会学及经济社会学的交叉处，就出现了族裔企业（ethnic entrepreneurship）或移民企业（immigrant entrepreneurship）的社会学研究。

移民和难民以陌生人的身份身处异乡，唯有依靠族裔凝聚力，来应对种族歧视及在迁居过程无可避免要遇到的种种困难。从这个意义上讲，族裔意识和族裔凝聚力可能是无意中因歧视而形成的。我们可以认为族裔网络是移民面对困难的产物：网络一旦建立，就有助于族裔或移民企业的成长和发展，但是族裔企业以及族裔资本主义中包含非自愿的甚至不情愿的成分。许多族裔商人成为"非情愿的商人"，是因为他们知道通向主流社会的政治和专业之梯阶已被堵死。由于无法进入所在国的主流资本体系，少数族群只能创造自己的谋生场域，借助族裔资本体系来创造财富。因此，移民企业的经济社会学研究，需要置放在种族和族裔关系这个大背景之中，才可以获取比较全面的了解。

按照上述理解，我们需要反思"华人商业上的成功归因于华人文化"这一理论，即文化价值观、家族主义、族裔特性等的"供应面"（supply side）。但我们也需要对特定时间的种族和族裔关系这一结构背景保持敏感，即所谓的族裔商业的"需求面"（demand side）（Chan and Ong，1995：523 - 531）。要纠正"供应面"解释的缺陷，就应该辨识对华人商业的夸大和误读。我们可能要处于历史修正派的心境之中——解构、去神秘化或者去除外行人对华人企业的过分乐观。即使族裔特性确实对商业有用，这种族裔特性也是在所在国社会中"制造"的，而非从迁出国原封不动地携带过来。文化或身份认同极少原封不动地被移植，相反，它是移民在发掘结构优势以及适应环境限制的过程中，不断地生产和再生产、建构和解构出来的。认同常常随环境、具体情境的变化而变化，是一种情境化的认同或定位。新生的移民文化是否已经适应所在国文化？我们应将族裔企业视为移民对结构和环境的集体性、社会性反应。对族裔企业的研究可能需要打开文化这个小黑箱。我们应冲破诸如家庭、宗族、血缘、族群、小区和"部落"之类的禁锢，将分析的焦点集中于华商与其身处的环境、与其他华商、与非华人以及与更大的世界之间的日常互动模式。这样，许多对华人商业的夸大和误读将会一一被击破。

单纯用文化或结构来解释任何一种社会现象都是不充分的。1984 年，Waldinger 根据在纽约开展的一系列工业个案研究，提出了一个互动的解释，以期整合或融合文化与结构、族裔资源与机会结构以及"供应"与"需求"两大方面的因素。在 Waldinger 看来，对族裔生意的需求和技能、资源的供应彼此互动，共同促成了族裔企业的出现。Waldinger 的解释，指出了由结构或文化来决定经济成就这种非此即彼观点的虚假性。文化和结构常常处于持续的辩证影响关系中，因而任何在方法论上将两者截然分开的做法都没有意义。历史已经清晰展示了文化与结构之间的这种辩证关系。虽然这不是什么新的论调，我们需要学着辩证思考集体的社会生活，但力求不过分强调。认同是对生活和生存的适应。的确，我们的分析焦点应放在企业家的商业策略上，或是 Giddens（1976）所称的"辩证控制"（dialectic of control）之上。关注外部因素有可能使我们从文化的黑

箱中解脱出来，至少，我们应将文化看作是一种小文化。在移民过程中滋生的移民文化实际上是适应了的文化，辩证的思考要求研究者关注行动（doing），而不是既成的东西（being）。我们应该将族裔企业看作是应对结构限制的社会性、集体性反应。打个比方，华人企业就好像一个工具箱，里面总是装满各种工具，又总是不断添加新的工具。人们可根据具体情境的要求拿出相应的工具，但同时也没必要抛弃箱里的其他工具。

# 四、三个觉察时刻

经过海外华人企业的解构，我的意识之流历经了三个时刻。第一个时刻始于华人移民到加拿大之后，作为移民的他们很快发现，不管是在已成历史的记载中还是活在当下，华人总是要遭受到很多的偏见与歧视之苦，而自己也难逃这一命运。对加拿大华人生活经验的研究经常会变成种族歧视的研究（Chan，1991）。我认为，对加拿大历史的研究将会使历史学家感到震惊，因为其中充斥着许多骇人听闻的种族歧视问题，以及由此造成的各种恶果。华人所遭遇的种族歧视是系统性、制度性的，远远不是像一个人虐待另一个人那样简单。社会学家详细记录了种族歧视所带来的种种社会代价以及个人所遭受的孤立之痛，同时也刻画出人们因这些遭遇而产生的族裔认同感。在第一个阶段，由于国际迁移和移民，陌生人抢夺稀缺资源的竞争非常激烈，造成种族和族裔之间关系的恶化。这种竞争、这幕人间戏剧，在社会学文献中屡见不鲜，也成为人们不断讲述的故事。

面对歧视，加拿大华人深入挖掘社会网络中的支持资源，包括家庭、亲属、朋友、邻居以及各种志愿组织，其中很多的志愿组织都位于加拿大各地的唐人街。这是我的第二个觉察时刻。此刻，我们已经听说许多华人应对种族歧视的故事，他们在个人层面或是集体层面上和主流社会隔离，不参与所在国的社会活动，避免与当地社会接触，以此作为应对歧视的自我防御策略。如果唐人街的确将孤立和分裂制度化，那么这种建立社会组织的尝试，充其量是个人或群体辩证行为的结果，是历史与社会结构力量的产物。我在这里拼接起来的社会学，并非讲述某一个陌生人如何饱受种族歧视之害——孤单无助，强忍痛苦，我要讲述的是陌生人如何学会共同行动，如何充分利用新生的族裔特性，以及如何策略性地在辩证控制中发掘他们的行动者意识。在第二个觉察时刻，我思考人类的生存，以及普通人如何在特殊时代捍卫自己的权利，不讲述人们如何沉沦，而是着眼于社会学中不常见的主题，即了解移民群体如何历尽千辛万苦，排除万难。

当我叩开有关族裔或移民企业的经济社会学之门时，迎来了第三个思考时刻。这一阶段，人类挣扎求存的戏剧上演到新的一幕：移民借着创办族裔企业，力抗当地主流社会对其向上流动机会的封锁。文化主义者认为华人具有开办企业的文化倾向，事实上，并非所有成功的商人都是华人，也并非所有华人都是成功的商人。文化，即使能够揭示部分事实，其解释力也很有限。移民企业具有许多特征，人们最为熟悉的特征是，在一个敌视新来者、敌视异族的社会里，族裔企业代表着魅力、族裔自豪以及胜利。另一个特征是阴暗面，不为人们所熟知，就是移民商人的自我剥削（长时间的体力劳动、低工资、恶劣的卫生条件等），更为丑陋的是，他们还剥削自己的家人、亲属和族人。华人想避开主流劳动力市场的种族歧视和追求自主，因而依赖内部剥削（internal exploitation）来创造和维持自己的企业。然而，现有的社会学文献很少探讨族裔资本主义的阴暗面和剥削特征。

时至今日，我依然记得二十多年前在蒙特利尔作访谈时，一位华人企业家向我倾诉的一切。那位成功的食品公司老板伤心地谈起孩子不愿继承他创办的企业。他的孩子们都在加拿大出生，决心要摆脱封闭在族裔亚经济中的污名，然而，当他们到主流劳动力市场求职时，却遭到歧视，因此，孩子们对融入加拿大社会非常矛盾：他们想要摆脱先赋的族裔特性，但主流社会的歧视性待遇又令人失望，结果是双重的疏远（double alienation）——既被自己所在的族裔小区疏远，又被主流社会疏远。的确，这是典型的社会学意义上的边缘性和内心冲突：个体处于两个小区的边缘，在任何一边他都找不到寄托，因为他拒绝了自己原来的小区，又被自己所渴望进入的小区拒绝。夹在两者之间，痛苦既是私人的，也是公共的。

过去十多年来，我越来越多地思考下列人群的认同与族裔特性：泰国、新加坡、加拿大的华人，亚太地区的亚裔，以及加拿大魁北克的越南裔、柬埔寨裔和老挝裔。分析认同与族裔特性对社会学来说非常重要，这促使我反思以前有关认同与自我的许多观点。在此过程中，我发现一种新的移民，这种移民"制造"了一种新的生活方式，他们在迁出地与迁入地之间穿梭，与两个地方建立、维持关系，为跨国性（transnationality）和世界性（cosmopolitanism）搭建舞台（Chan，2002：191–208）。这些移民在全球旅行的过程中，不断就政治、地理、社会和心理边界的设立进行拉锯和协商，他们同时发掘两个地方的不同资源。与此同时，这些移民的存在本身也挑战着诸如"民族主义"和"爱国主义"的概念。我也发现，当代移民并不一定要在民族国家几十年来为他们提供的选择之间做出抉择：要么固守原来的传统，变得越来越保守；要么被所在国的文化同化（assimilation），迷失自己。许多移民能够保留两种文化——迁出地的文化与迁入地的文化——并在两种文化之间穿梭往来，交替轮换（Tong and Chan，2001）。

一些移民甚至将他们的双文化性（biculturality）或双重性转化成世界主义（cosmopolitanism）。

当陌生人相遇时会发生何事？可以有几种可能性，每一种可能性都代表着一个特定的方式，将认同（identity）及其与自我、与他人的关系理论化。认同是个令人费解的东西，变幻莫测，难以捉摸，有些作者自认为已经把握其本质，实则不然。尽管如此，我仍为认同可以更新、重塑的可能性感到振奋。这种振奋驱使我写了一篇论文（Chan，2004），在文中分析和批评了西方盛行的文化多元主义（详细内容亦可见于本书第四章）。

# 五、保持同情心的重要性

全球化如今是个时髦的话题。虽然每个人都使用这个名词，但对其含义的理解却见仁见智。在我看来，全球化指的是时空的压缩，同时也是世界的压缩。现在的世界与过去相比，已大大缩小，交通和通信技术的高速发展，让人们更加"靠近"，彼此的生活也交织在一起。全球化也指人们对那些被社会学家和人类学家称之为"他者"、那些与我们非常不同的人（或者只是看起来非常不同的人）变得高度敏感。不管怎样，全球化使我们对彼此的相互关联性有敏锐的触觉，提醒我们人类的命运息息相关。我觉得意识到这一点是非常重要的，需要强调。在诸如巴黎、香港、东京、慕尼黑、伦敦和纽约这样的国际性大都市中，与和我们差异很大的人交往已成为日常生活不可或缺的一部分，所谓的"全球化"，其实就是这些城市具有对陌生人的高度敏感性。

面对必须要在日常生活中与自己不同的人进行互动，以及人与人之间相互关联的事实，个体应该如何行动呢？美国心理学家、哲学家 William James（1992：841－860）曾描写了人类如何漠视他者的情感。人们过度关注自己的"关键秘密"（vital secrets）和自身的利益，这种对自我的过度关注甚至自我陶醉，使我们对周围的他者毫不关心。我对你的痛苦无动于衷，反过来你对我的痛苦也毫无反应。这种漠视是我们在自我与他人之间设置的藩篱，以避免彼此间有情感交流。Susan Sontag 在 *Regarding the Pain of Others*（2003）一书中，以伤心的笔调探讨了我们对他人痛苦的这种漠视。

如果把我们对他人的漠视比作疾病的话，我认为同情（Wispe，1968：441－447）则是根治疾病的药方。同情从移情开始——感受他人甚至动物的痛苦。此时我们必须行动起来，减轻痛苦。当我们能够急人之所急的时候，就做到了真正的同情。与同情紧密相关的一个概念是"让步"（defer），或者说容忍他人与自

13

己的差异（Hall，1990：37－222）。在英语中，单词 defer 有两层意思，第一层意思是推迟或延迟某项行动，例如自我克制；第二层意思是让步或屈服，也是一种行为指导，指的是对他人让步。我们必须尊重他人、体谅他人、关怀他人。在这里，"关怀"的意义深刻，如果我能够体谅他人，那我就不会冲动或是傲慢，我谨慎行事，不再匆匆忙忙。体谅他人意味着我们必须等待，等待该我们行动、说话的时刻。然而，在这个节奏日益加快的世界里，要人们等待谈何容易！

另外一个重要的概念是混成性（hybridity）。我所说的混成是指自我与他人的相互交织，一种双向交换，使信仰和生活方式融合。如此一来，就缩小了两种生物或两种文化之间的差距。混成是座桥，同时也是纯粹（purity）的对立面。连小孩子都知道，如果把黄色和蓝色掺在一起，将会产生一种新的颜色——绿色，两种不同的文化（彼此的差别就如同黄色和蓝色的差别那样大）混合在一起，也能产生一种新的、美丽的混合物（就像绿色一样漂亮），亦即一种新的文化。这是混成的最佳结果。由此我们可以说，在变成绿色的过程中，个体（以往不是黄色的就是蓝色的）与另一文化混合，忘掉了自我的一部分；同样也吸收了两种颜色的文化，本身发生了改变。因此，此种类型的文化变迁是一个忘却（forgetting）和纪念（remembering）我们过去的过程。

Femminella（1980）写过一篇关于文化接触的辩证法的论文，本文沿循这篇文章的思路，同时诠释如下：我们把迁出地（家乡）的文化用 A 表示，到迁入地（所在国）的文化用 B 表示，A 和 B 碰撞后可能产生两种结果，第一种结果是混成，可以表示为：

$$A \longleftrightarrow B = AB /Ab/ Ba$$

大写字母表示迁出地 A 的文化或迁入地 B 的文化对移民的影响很大，小写字母 a 或 b 则表示影响很小。如果移民不再坚持迁出地文化，同时不对迁入地文化持过于苛刻的批评态度，那么认同的问题就会解决。拥有这种灵活思维和包容心的人，将大有作为。混成发生在许多世界性的大都市中。移民最初居住在与他们有根本不同的邻居中间，当移民与本地人试着超越彼此间的差异时，自我与他人的相互交织便发生了。居住在一起数年之后，移民与本地人便共享同一认同，这一认同又产生同一历史感和小区感。

适应是一个辩证的转化过程，迁出地和迁入地文化之间的影响是双向的，移民在改变自身的同时也在改变环境。首要的理论挑战是弄清以下问题：在混成过程中到底发生了什么，此过程是否具有阶段性，有人抗拒混成吗，其中有痛苦和快乐吗，有阴暗面吗，这样的话语夸张吗，我们能从经验上证明吗，我们运用的方法论是什么，抑或我们需要将各种方法混成、创造一种新的方法论吗，等等。我怀疑移民一方面对迁出地文化进行选择性的记忆和遗忘，另一方面又希望在迁

人地可供选择的认同中挑选。当人们处于全新的陌生环境时，往往会既着迷又排斥。21 世纪的移民可能是穿梭于世界舞台的旅居者，他们的流动性常常伴随着可试验性和开放性——一种新兴的族裔特性，可以导向另一种可能，即创新，可表示为：

$$A \longleftrightarrow B = AB / Ab / Ba \rightarrow C$$

个人内心的文化纠缠和碰撞可能表现为情感创伤，导致生存痛苦、辩证的对立，甚至会导致病变，但也可能催生 C，即一种新的文化、第三文化，C 是 creation，代表文化创新及新生。这种全新文化让现代人兴奋、陶醉。

混成最初会在个体内心造成混乱，熟悉与陌生、自我与他者在心理上交织，可能产生流动的、新的事物。混成的流动性——冲破藩篱、分裂又整合的能力——具有积极意义，为世界带来一线希望。我们的世界似乎已被不可跨越的藩篱阻隔，分裂为"我们"和"他们"这样对立的阵营，虽然新移民作为陌生人非常痛苦，虽然注定要被边缘化，但他们内心混成的开始似乎可以解决对立的危险。

然而，混成的语言尚未出现。我们正在寻找，在这个充满各种"主义"——原教旨主义、本质主义、爱国主义和民族主义的世界里，有了混成的语言我们就不会沉默不语。世界虽被各种主义所分裂，但早已是一个混成的世界。如果我们长时间观察他人，就会发现彼此之间比表面看起来要相得多。四十多年前，我在加拿大选读第一门社会学课程，在第一节课上，教授告诉我们，社会学的目标是消除种族中心主义（ethnocentrism）——这也是社会学的使命。众所周知，种族中心主义至今仍然存在，禁锢着每一个人。坚持种族中心主义也就是坚持暴力和恐怖主义，这也是我们要寻找一种混成的语言、一种和平的语言的原因。

同情或让步是一种态度，但并非与生俱来，而须后天培养。我们必须与心理上的盲点斗争。《论语》教导：吾日三省吾身；己所不欲，勿施于人。这是道德教育的核心，与芝加哥大学哲学家 Nussbaum（1997）的修养（self-cultivation）理念相似。我们应理解、同情与我们不同的人（或者说，只是我们相信他们是异己），只有获得同情别人的能力，我们才可以称得上是现代人。

## 六、关于方法的提醒：为什么我们必须比较？

现在请允许我提出一个方法论问题：为什么我们必须作比较研究（comparative study）？人类学认为，作比较，能够使我们发现人类经验的丰富多样性，并

为之着迷。特定境况中的男男女女为生活、为生存而采取各种策略去适应环境。比较两个民族、两种文化的人会很快意识到，在一个地方以某种方式完成的事情，在其他地方可以用另外一种方式完成；或者说同样的事情，不同的地方有不同的做法。对个人来说，意识到自己能够选择是具有深远意义的，但是，只有当个人从既定的界限"走出去"（step out）（Chan and Chiang, 1994）、在外面冒险的时候，才可能意识到这一点。当我们旅行或在认知上旅行时，我们加强了事物的可比较性，并使之理论化。这一可能误导人的事实指出了三个问题：第一，一个人感到事物的独特性、确实性或独创性是真实的，但应该悬置起来，或只能试探性地、暂时地靠近。第二，差异和相同具有讽刺的一致性，两个看似明显不同的民族或文化事实上非常相似，比想象中有更多的共同点。当我们在另一文化中遇到许多人与我们相似时，就不会再坚持自己文化的独特性。这样的认知也许可以培养出谦虚的态度，从而抵制傲慢、自我优越感和种族中心主义。两个民族既不同又相同，如果心胸足够开阔（Adler, 2005），有朝一日我们总会发现彼此曾经相互借鉴，以一种自我与他人交织的方式，彼此融合，相互影响。第三，对人类境况虚假性的理解，曾经被人们奉为神圣的、看似不可避免、永不变化的东西，一经对比，就会被发现其实是虚假的、人造的、可变的。已经形成的东西可以被摧毁、再造，意识到事物、世界的"可塑性"（makeability）（Berger, 1963）使人们的认知从长期被视为理所当然（taken-for-granted）的文化、习惯方式中解放出来，进而怀疑日常生活中被视为理所当然的一切。

通过比较的方法，我们能够揭开笼罩在事物身上的神圣面纱，进而批判被夸大的现实。比较具有解放性、重构性和解构性，在学术研究中秉持比较的态度，几乎总是能够提出颠覆性的观点。比较令我们坚信文化边界（任何边界）具有多孔性（porousness），可以相互渗透。边界甚至是虚假的，事实上，所有人为设定的边界都是虚假的。在某种程度上，我们共同忘记了边界和界限是陌生人有意无意相遇，并逐渐相互熟悉、相互影响的场景。界限在将人们分开的同时，也将人们联系起来。位于界限两旁的人们过着各自的生活，但会彼此相遇。我们必须谨记边界具有双重性，文化的接触和改变都发生在边缘地带（而非中心地带）。如果我们知道这一点，并且时常提醒自己，就不会轻率地坚持他者的异国性（foreignness）和陌生性（strangeness）。陌生人是由人类心灵创造出来的，因为人类对不熟悉、不了解的事物怀有原始的恐惧，比较就是要克服这一恐惧（Chan and Yeh, 2004）。无论这种恐惧于何时何地流行，比较自我与他人、黑人与白人、南半球与北半球、东方与西方，将会使我们发现彼此的相同之处，而不再陷于猜疑、迷思、误解和冲突之中。

# 七、结语

在本文结束之前，我想回到开篇对有关回乡访问的叙述。据我所知，Frank自上次回乡之后，再也没有回去过。就像千千万万海外华人一样（世界上许多离散民族也是如此），立誓要返回故土，并喃喃自语："明年，或者再下一年一定要回去。"与此同时，Frank在温哥华过着他的生活，应对、适应着加拿大社会中的各种挑战。生活的道路上充满未知数。20世纪50年代早期在中国内地出生、香港长大，之后又到海外求学、工作的我们这一代华人（包括Frank）对中国非常迷恋（或许也是幻想），中国在某种程度上已经刻在我们的肌肤上（inscribed on the skin），渗透进我们的意识里，我们的思想和情感都受她控制，无论喜欢与否都不能摆脱。像我和Frank一样的华人已经在国外漂泊几十年，我们在身体、情感和认知上，都在中国和外国之间穿梭，产生两极心理家园：中国（永远不变）和别国。在中国我们是"陌生人"，到别国我们还是"陌生人"，因为某种程度上，经历使我们既与迁出地的人们不同，又与迁入地的人们相异。别人会因为我与中国有关系、我是华人的缘故，而不管我思考和写作的对象是否是中国，都称我为"华人社会学家"，我首先是"华人"，其次才是"社会学家"。终身与华人性相连，有时让我也觉得苦恼。

我的两个孩子在国外出生，他们的情况和我不同。他们是不断迁移的一代。年纪轻轻已经到过加拿大、美国、哥斯达黎加、巴西、瑞典、意大利、英国、法国、新加坡、马来西亚、泰国、韩国、日本、新西兰，以及中国香港、澳门地区和中国内地。我可以毫不夸张地说，他们做梦、祈祷、写情书、"讲粗口"和吵架都用英语，这得益于他们儿童时期和青少年时期在海外国际学校里接受的教育。儿子的高中毕业论文写的是美国黑人的街舞（hip-hop）运动的社会历史，他现在为取得比较文学与哲学博士学位而撰写论文。他曾与一个印度和韩国第二代移民谈恋爱，且非常期待异族通婚；他在大学主修英国文学和哲学，曾打算以西方的地下音乐写作为业。女儿的中学毕业论文写的是香港的外籍（主要是菲律宾、印度尼西亚和泰国）家佣。她会说普通话和法语，为去意大利的大学就读欧洲艺术而在加拿大当地餐馆打工，学会了意大利语，目前有一名加拿大第三代移民男友。她已经决定当一名艺术家，从事亚洲和西方的现代艺术创作和管理。对两个孩子来说，中国只是一个选择，一个可能，与我这一代人迫切想回亚洲生活、工作不同，他们早已形成多个家、多种文化、多种族裔特性、多重认同的意识，一些还在想象之中，一些早已经历过、尝试过、检验过甚至拒绝过。他们的

领地是开放的，不像我的领地是一分为二、非此即彼、两极化或双文化的。从深层意义上来讲，他们解放了，像蝴蝶、鸟儿一样自由飞翔。用 Rushdie（1991：394）的话来说，他们为融合与联合产生的变化而欢呼，为"自己的混成高唱情歌"。如果我父母是全中式的第一代，我的孩子便是中西混成而偏西的第三代，而我则是夹在他们中间，是中西混成而偏中的第二代。我的孙儿会不会是全西的第四代就不得而知了。

在这个后现代世界里，大部分人还在创造和确立各种传统、纯粹性、主义……Ilcan（2004：248）提醒我们："陌生性已变成当代人的永恒处境，没有的话，当代生活就无法前进，无法继续。" Bauman（1993：159 – 160）坚信："现代生活要想继续，就必须保护和培养陌生性……我们可以说，如果没有陌生人，我们需要创造陌生人。" "陌生性"（strangehood）不可避免，已经成为Durkheim 所说的"社会事实"，不会因为我们的视而不见而自行消失。陌生人被人们推至遥远的地方（Ilcan，2004）。人们排斥陌生人，躲避他们，无视他们的存在，对他们的心声充耳不闻。人们认为陌生人的寂寞和孤独是罪有应得，这就是我两个孩子的命运。如果用 Bauman 的话来说，他们的苦难是必须"忍受与别人失之交臂（mismeeting）及文明的疏忽（civil inattention），在殖民化中生存下来"。是的，无数次的失之交臂，无法进行心与心的交流——这正是他们的痛。然而，他们比我幸运的是，他们不必被"回到过去的幻想"（Hall，1992：310）所困扰。正如 Hall 所指出的，这些孩子不再拥有传统意义上的一致性及唯一性，不再只属于一个地方，而是同时有许多"家"（不再属于某一特定的家），并创造了混成文化。他们变成同时属于几个世界，在全世界穿梭，变成"被翻译的人"（translated man①）（Rushdie，1991），这与 Park 的"边缘人"（marginal man）或 Simmel 的"陌生人"等概念极为相似。未来的世界变幻莫测，既让人满怀希望，又让人担心忧虑；既充满机会，又遍布陷阱。经过大量的自我质疑和自我反省之后，我们会不由自主地感到"知识和道德矛盾是现代性（后现代性）

---

① 拉什迪（Salman Rushdie）是著名的印度裔英国作家，被誉为后殖民文学的"教父"，迄今为止共出版八部长篇小说和一部短篇小说集，几乎每一部作品都引起重视，获得过英国以及美、法等国许多重要的文学奖项。拉什迪出生在印度的穆斯林家庭，却在英国接受教育，在文化上，他始终处于一种"边缘"的地位，这使他能以一种全新的视角来观察世界。他在文学评论集《想象的家园》中，将 translation 与 migration（移居）联系在一起，他说，translation 来自拉丁语，意为"带走"。这样，translation 就与 migration 近义。他的理解是："移居国外将会改变一个人的面貌，变成一个被翻译的人。"对于所谓的"翻译"路径，他的解释是："我所谓的'翻译'是指自我被带入另一地域和另一语言之中。"拉什迪在小说《耻辱》中借主人公现身说法道："我也是一个被翻译过来的人（a translated man）。"一般人认为，有些东西在翻译中一定会失落，他却抱着这样一种信念："有些东西也能在翻译中获得。"移居者不断"翻译"他们所接触的异文化，也在异文化中"被翻译"而改变原来的文化身份。

经验的核心元素"（McLennan，1992：354）。生活中最美好的事物也有其丑陋的一面。

现在我回到香港生活和工作，又每星期两天在珠海及澳门讲课，可以说兜兜转转，绕了一大个圈又回到原地。此时社会学对我来说，已经不仅仅是一份工作，还是理解许多不同人生活、工作经历的方式——借四十多年不断的思考、阅读、写作和经历。我的著作，包括最近的两本书《华人认同、族裔特性和世界主义》（2005，英文版）与《迁移、族裔关系与华人商业》（2005，英文版），代表我个人（有时不可否认是有些自我陶醉）理解"陌生人"——也包括我自己——苦与乐的尝试。在写作中，社会学与生活已融为一体，与 C. Wright Mills 的二十四小时社会学者（24-hour sociologist）相距不远。与此同时，身兼移民与社会学者的我继续喃喃自问：我是谁？我是什么？我将成为什么？

### 参考文献

［1］ADLER J E. Cross-cultural education, open-mindedness, and time//Working paper 35. Hong Kong：DAVID C. Lam Institute for East-West Studies, Hong Kong Baptist University, 2005.

［2］ANTONVOSKY A. Health, stress, and coping. San Francisco：Jossey-Bass Publishers, 1979.

［3］BAUMAN Z. Postmodern ethics. Oxford：Blackwell, 1993.

［4］BECKER H. Doing things together. Evanston：Northwestern University Press, 1986.

［5］BEN-YEHUDA N & HOWARD S, et al. Becker：a portrait of an intellectual's sociological imagination. Sociological inquiry, 1989, 59（4）.

［6］BERGER P L. Invitation to sociology：a humanistic perspective. New York：Doubleday & Co. , 1963.

［7］BETTELHEIM B. Individual and mass behavior in extreme situations. Journal of abnormal and social psychology, 1943, 38（4）.

［8］BREHM S S & BREHM J W. Psychological reactance：a theory of freedom and control. New York：Academic Press, 1981.

［9］CHAN K B. Chinese identities, ethnicity and cosmopolitanism. London：Routledge Curzon, 2005.

［10］CHAN K B. Migration, ethnic relations and Chinese business. London：Routledge Curzon, 2005.

［11］CHAN K B. From multiculturalism to hybridity：the Chinese in Canada//

REX J & SINGH G. Governance in multicultural societies. Aldershot：Ashgate，2004.

［12］ CHAN K B. Both sides now：culture contact，hybridization，and cosmopolitanism//VERTOVEC S & COHEN R. Conceiving cosmopolitanism. Oxford：Oxford University Press，2002.

［13］ CHAN K B. Smoke and fire：the Chinese in Montreal. Hong Kong：Chinese University Press，1991.

［14］ CHAN K B. Individual differences in reactions to stress and their personality and situational determinants：some implications for community mental health. Social science and medicine，1977（11）．

［15］ CHAN K B & CHIANG C. Stepping out：the making of Chinese entrepreneurs. Singapore：Prentice Hall，1994.

［16］ CHAN K B & INDRA D. Uprooting，loss and adaptation：the resettlement of Indochinese refugees in Canada. Ottawa：The Canadian Public Health Association，1987.

［17］ CHAN K B & Ong J H. The many faces of immigrant entrepreneurship//COHEN. Cambridge survey of world migration. Cambridge：Cambridge University Press，1995.

［18］ CHAN K B & YEH Y Y. Preface// CHAN K B& YEH Y Y. East-West studies：now and beyond. Hong Kong：David C. Lam Institute for East-West Studies and Wing Lung Bank International Institute for Business Development，Hong Kong Baptist University，2004.

［19］ DENZIN N K. Interpretive biography. Newbury Park：Sage，1989.

［20］ EITINGER L. Concentration camp survivors in Norway and Israel. London：Allen and Unwin，1964.

［21］ FEMMINELLA F X. Societal ramifications of ethnicity in the suburbs//LA GUMINA S. Ethnicity in suburbia：the Long Island experience. Garden City，New York：Nassau Community College，1980.

［22］ FRANKL V E. Man's search for meaning：an introduction to logotherapy. New York：Simon and Schuster，1984.

［23］ GERTH H H & MILLS C W. Character and social structure. New York：Harcourt，Brace，1953.

［24］ GIDDENS A. The constitution of society：outline of the theory of structuration. Cambridge：Polity Press，1984.

［25］ GIDDENS A. New rules of sociological method. New York：Basic Books，1976.

［26］ GOFFMAN E. Asylums. New York：Doubleday，1961.

[27] GORDON M. Assimilation in American life. New York: Oxford University Press, 1964.

[28] HALL S. Cultural identity and diaspora// RUTHERFORD J. Identity: community, culture and difference. London: Lawrence and Wishart, 1990.

[29] HALL S. The question of cultural identity//HALL S, HELD D & MCGRAW T. Modernity and its futures. Cambridge: Polity Press, 1992.

[30] ILCAN S. The marginal other: modern figures and ethical dialogues// GABZIEL B & ILCAN S. Post-modernism and the ethical subject. Montreal: McGill-Queen's University Press, 2004.

[31] JAMES W. On a certain blindness in human beings// MEYERS G E. William James writings 1878 - 1899. Library of America, 1992.

[32] KOBASA S C. Stressful life events, personality, and health: an inquiry into hardiness. Journal of personality and social psychology, 1979 (37).

[33] KRISTEVA J. Strangers to ourselves. Translated by ROUDIEZ L S. New York: Columbia University Press, 1991.

[34] LI P S. The multiculturalism debate//LI P S. Race and ethnic relations in Canada, 2nd ed. Toronto: Oxford University Press, 1999.

[35] MCLENNAN G. The enlightenment project revisited//HALL S, HELD D & MCGRAW T. Modernity and its futures. Cambridge: Polity Press, 1992.

[36] MERTON R K. Some thoughts on the concept of sociological autobiography// RILEY W M. Sociological lives. Newbury Park: Sage, 1988.

[37] MILLS C W. Sociology and pragmatism: the higher learning in America. New York: Oxford University Press, 1964.

[38] MILLS C W. The sociological imagination. Oxford: Oxford University Press, 1959.

[39] NUSSBAUM M C. Cultivating humanity: a classical defense of reform in liberal education. Cambridge, Massachusetts: Harvard University Press, 1997.

[40] OKELY J & CALLAWAY H. Anthropology and autobiography. London: Routledge, 1992.

[41] PARK R E. Race and culture. Indiana: Free Press, 1950.

[42] PARK R E. Human migration and the marginal man. American journal of sociology, 1928, 33 (6).

[43] PARSONS T. Some theoretical considerations on the nature and trend of change of ethnicity//GLAZER N & MOYNIHAN D P. Ethnicity: theory and experience. Boston:

Harvard University Press, 1975.

[44] PARSONS T & BALES R F. Family: socialization and interaction process. London: Routledge & Kegan Paul, 1956.

[45] PORTER J. The vertical mosaic: an analysis of social class and power in Canada. Toronto: Toronto University Press, 1965.

[46] RICHMOND A. Sociological theories of international migration: the case of refugees// Special issue on the sociology of involuntary migration. Current sociology, 1988, 36 (2).

[47] RILEY M W. Social Structures and human lives: social change and the life course. Newbury Park: Sage, 1988a.

[48] RILEY M W. Sociological lives. Newbury Park: Sage, 1988b.

[49] ROTTER J B. Generalized expectancies for internal versus external control of reinforcement. Psychological monograph: general & applied, 1966, 609 (1).

[50] RUSHDIE S. Imaginary homelands. London: Granta Books, 1991.

[51] SARTRE J P. The family idiot: Gustave Flaubert, 1821 – 1857 (Vol. 1). Chicago: University of Chicago Press, 1981/ [1971].

[52] SARTRE J P. The family idiot: Gustave Flaubert, 1821 – 1857 (Vol. 2). Chicago: University of Chicago Press, 1987/ [1971].

[53] SCHUETZ A. The stranger: an essay in social psychology. American journal of sociology, 1944, 49 (6).

[54] SELIGMAN M E P. Learned optimism. New York: Alfred A Knopf Inc., 1990.

[55] SIMMEL G. The stranger//SIMMEL G. Soziologie. Leipzig: Duncker and Humbolt, 1908.

[56] SKINNER G W. Change andpersistence in Chinese cultures overseas: a comparison of Thailand and Java//MCALISTER J T. Southeast Asia: the politics of national integration. New York: Random House, 1973.

[57] SKINNER G W. The Thailand Chinese: assimilation in a changing Society. Lecture presented at the Thai Council of asian society, 1963 (2).

[58] SKINNER G W. Chinese society in Thailand: an analytical history. Ithaca: Cornell University Press, 1957a.

[59] SKINNER G W. Chinese assimilation and Thai politics. Journal of Asian studies, 1957b (16).

[60] SONTAG S. Regarding the pain of others. New York: Farrar, Straus and Giroux, 2003.

［61］STONEQUIST E V. The marginal man: a study in personality and culture conflict. New York: Charles Scribner's Sons, 1937.

［62］TONG C K & CHAN K B. Rethinking assimilation and ethnicity: the Chinese of Thailand//TONG C K & CHAN K B. Alternate identities: the Chinese of contemporary Thailand. Singapore: Times Academic Press; Leiden: Brill Academic Press, 2001.

［63］WALDINGER R. Immigrant enterprise in the New York garment industry. Social problems, 1984, 32（1）.

［64］WHITE R W. Strategies of adaptation: an attempt at systematic description// COELHO V G, HAMBURG A D & ADAMS E J Coping and adaptation. New York: Basic Books, 1974.

［65］WISPE L G. Sympathy andempathy// SILLS D. International encyclopedia of the social sciences（vol. 15）. New York: Macmillan, 1968.

［66］ZANGWILL I. The melting-pot. New York: MacMillan, 1909.

# 古今中外思想中的文化"混成"观念

本文将探讨"混成"（或翻译为"杂交"）概念的主要含义，包括词源历史、社会认同上的表现，并分析"文化混成"现象与当代全球化运动的内在联系。

本文也会讨论中国思想中与"混成"概念极为相近的"和而不同"思想，并注意到这个古典概念与当时主张以理性主义对待文化和政治差异的思想流派之间的联系。本文也会描述与文化多元主义和宗教宽容精神并存的集权主义和文化中心主义，呈现中国历史上种族、文化交融的概况，了解"会通之学"对中国哲学发展的影响。

"混成文化""文化混成性""社会认同的混成化"等概念成为近来社会学和跨文化研究的新内容，虽然目前的研究不够深入，但已能较好地概括现代世界复杂的文化交融情况，并对极端民族主义、原教旨主义和文明冲突论起批判作用，因此受到全球学者的关注。本文试图初步评价国内外有关"混成"概念的研究，而对中国思想中与此极为相近的"和而不同"概念，也会特别加以讨论，以期丰富目前在该领域的研究。

## 一、混成文化的概念及其意义

"混成文化"（hybrid cultures）的概念因墨西哥学者卡西亚·堪克里尼（Garcia Canclini）1989 年出版的名著《混成文化——兼论进入和离开现代性的策略》而受到广泛关注。卡西亚指出拉美国家试图保持文化的"纯粹性"和自我特征，同时又要现代化，结果加剧了社会的不平等。在引进启蒙思想、实施理性化和世俗化时，又造成既非现代亦非传统，本土文化和外域文化杂陈的一种特殊的社会形态——"混成文化"的状态（Canclini, 1997）。

卡西亚从社会形态上画出转变中的拉美国家图像，进而认为"混成"是人类文化的持续状态，从学术上挑战传统人类学的文化观念。"混成"一词后来被广泛用来指那些多种文化混成而形成的文化特征，包括经济结构的二元化、落后的农业经济和现代工业的并存、西方资本主义的个人主义和世俗理性以及消费主义的流行、传统在现代形式下的延续（Leweller, 2002：101）、社会认同的多重

化和分裂，艺术风格、语言和人种的杂陈等①。

"混成文化"指相异的两种文化的中间形态。混成化（hybridization）经历了拉美国家非西方化的现代化，再扩展到第三世界国家现代化过程中的文化重构，可见对外来文化的吸收不是整体性的移入，而是选取"融合文化的片断特征"（Gilroy，et al.，2000：99、102），多种文化互相杂交，这有别于"文化同化"（assimilation）和"文化移入"／"文化整合"（cultural transplantation／cultural integration）等概念，因在后者中，被纳入的群体必须在某种程度上学会社会要求的行为方式、服饰、语言和其他日常生活的规范（Postiglione，1983：26）。

## （一）"混成"（杂交）一词的语义学背景

"混成"和"混成化"目前已经成为社会学中的一个重要分析范畴，但"混成"（杂交）并不是一个高雅的词，它源于生物学，拉丁语中主要指由家庭饲养的母猪和野公猪交配后所生的后代，后扩展指异种动物交配的后代。17世纪曾经少量使用该词，到19世纪使用渐多。《韦氏词典》（*Webster's Dictionary*，1961年版）定义该词为马骡或杂交狗，指由两种不同的植物或动物交配的新种。1861年，牛津词典已经载有该词，指不同种族交配的后代；19世纪后半叶，该词也用于指一个由多种语言词根合成的词（Young，1995：6）。同一语系中不同语种和方言的杂交混融，被认为是语言变化发展的主要途径（Bakhtin，1981：358－359）。

19世纪，人类学家注意到，杂交用于指马骡和驴骡时，含有缺乏生育能力的意思，同样，白人和黑人的后代，生育能力也呈代传下降的趋势。人们曾围绕杂交交配是否有利展开辩论，达尔文在《物种起源》中有专章论述混成（hybirdism）是否会导致生育能力下降，但未作结论，不过，他认为物种是进化的，也就是说混成变异是进化的一种形式。Robert Knox 在1862年出版的《人类种族》，有专章是"对人类杂交性法则的探讨"，他认为人种杂交导致种族繁荣的证据很少，相反，种族杂交导致人类社会日趋衰落，并以墨西哥、秘鲁和中美洲国家的现状来佐证（Knox，1862：497；Pieterse，1994：161－184）。

较早把该词运用于文化讨论的是英国学者 Matthew Arnold，他在19世纪60年代提出英国文化是多种文化合成的观点（Knox，1862：17）。当时，一些德国

---

① 种族和文化杂交、混成、交融并不只是带来不利后果，它也促成了文化繁荣和创新。从1846年到1930年，美洲接纳了约五千二百万欧洲移民，他们带来不同文化，如杂交产生了爵士音乐、探戈、加勒比风格、巴西音乐风格，以及南美建筑风格等。见 Canclini（2000：46）著作。

学者指斥英国人为凯尔特人、撒克逊人、诺曼人和丹麦人的混血儿。1861 年，《伦敦评论》作出响应，宣称英国人对此感到自豪。进化论者赫伯特·斯宾塞（H. Spencer）几年后也声称，在英国"居住着亚利安人种的不同分支，提供了一个种族混合推动社会进步的范例"（Spencer, 1868：593）。由英国的例子，斯宾塞总结出"杂交社会不能完美组织起来去发展稳定的社会制度形式，由几乎同种的族群混合而成的社会则能维持稳定的社会结构，并有变革的优势"（Spencer, 1868：594）。

杂交文化的概念受到当今社会学家的关注，反映思想家们力图理解当代世界复杂的文化现实。在当代世界，"即使构成各个地区基本单位的那些小社群，也与其他许多文化产生复杂和模糊不清的联系，包括语言、宗教信仰和教仪、政治归属关系"（Gellner, 1983：139）。这特别表现在文明和国家"交界"的地区。

"混成化"的概念被许多学者运用，与后殖民主义时代的学术思潮有关。主流的文化概念强调文化的纯粹性、一致性和整体性，对非主流和反叛性的文化予以轻视。后殖民主义学者挑战这种思想，力图唤醒人们注意非主流和异己文化的积极意义。Salman Rushdie 的评述颇具代表性：我们应当"庆贺混成性、非纯粹性、融合和转变，从中产生新的、意料不到的人种、文化、思想、政治、影片和歌曲的结合……为混成感到高兴吧，畏惧纯粹的绝对主义……杂烩、混融、这么一些、那么一些，这就是新事物如何在世界上产生的方式"（Rushdie, 1991：394）。

"混成化"（hybridization）涵盖多样性、相异性、混成和宗教融合这些概念所包含的内容，也特别指传统与现代、精英和大众文化的交织。从政治角度来看，应与现代性（化）、社会整合、种族融合、社会不平等这些概念联系起来理解。从文化混成论的多元倾向来看，这种思想有助于在当今世界建立多元的民主政治文化，以及对抗种族冲突。

### （二）"文化混成化"概念的政治意义

20 世纪 90 年代，迅速扩展的经济全球化把人类各民族之间的物质和文化交流提升到新阶段，增强了相互依存的关系；但另一方面，文化对峙局面却也更加复杂。对全球化可能带来的后果有两种看法：一种认为全球化使世界进一步整合，种族和国家间的文化差异将逐步削弱；另一种认为全球化使各民族共现于一个舞台上，种族、宗教和文化差异更趋突出，文明冲突日益加剧（Geertz, 1988：147；Ang, 2003：1-7）。

卡西亚对此提出不同看法，他认为全球化不会消除各民族文化的差异，也不

会仅导致民族文化间的冲突，反而会更多地造成文化混成。文化混成不是新的现象，当今许多国家都由不同的文化融合而成。过去，民族文化通常通过压制社会内部文化的差异性，并以精英文化传统为象征标准。不过，今天的民主社会中，内部文化的多样性和差异性有可能得到承认和表现（Canclini，2000：41），从而避开民族主义和原教旨主义以及宿命论的文明冲突论。文化的混成共存不会必然导致种族和民族间的协调或民主的文化交往，但在正确对待文化差异的情况下，文化交织或融合带来的是文化繁荣而不是衰亡（Canclini，2000：49），这也是卡西亚"文化混成化"理念的进步意义。从学术意义上讲，用"文化扩散""文化移入""二元文化"和"宗教融合"等概念已不足以理解和分析当今世界的文化现实。

文化混成化思维的主张由既想维持文化联系，又想保持文化独立性的双重愿望推动，文化的混成融合是一个复杂的重组和换位过程，卷入不同种族和国家的政治目标，波斯尼亚战争暴露出其暴力性，文化相对主义和武力都不足以解决种族文化冲突问题，在文化差异中形成的生活习惯和观念是卡西亚带给我们的启示（Papastergiadis，2005：31）。

文化混成的概念非常接近中国古典思想中"和而不同"的观念。马提尼的三位知识分子 Jean Bernabe、Patrick Chamoiseall 及 Raphael Lonfiant 把"和而不同"的立场称为"非极权的保持多样性的意识"（Papastergiadis，2005：31），当全球性的霸权政治试图混同文化符号、一统社会实践规范，从而定义及巩固其霸权合法性时，承认差异性和支持文化对话的立场，有助于处理多种文化的认同问题，并改变单极政治局面。

混成文化的概念对认识后殖民时代的文化政治现实具有积极意义。混成性是后殖民文学和文化的特征。殖民地社会中，语言文化的混成化具有挑战霸权地位话语的作用，殖民地话语的混成化使被压制的知识体系能够进入主流话语，因此混成化是对霸权文化话语的反抗。本土文化和殖民文化交互影响下形成的话语空间，被 Homi Bhabha 称为"混成替换空间"（hybrid displacing space），剥离了强权维系的帝国主义文化的权威和真实性（Bhabha，1991：61）。这个"第三空间"挑战了双方文化话语的词汇和领域，按 Edward Said 的观点，混成性成为文化差异的一种形式，把差异的文化混成一体，以混成产生反叛能量，用以分离模糊空间中所有的骚动和困惑，从而去挑战居于中心的统治性文化规范（Said，转引自 Bhabha，1990：312）。

## （三）社会认同的混成化/混成过程

文化的混成化和全球化过程使"种族性""民族""社会认同"等概念变得更难把握，"社会认同"已成为许多社会学家研究的重点，混成化被用来描述全球化时代中社会认同的形式，特别用以描述那些旅居或侨居生活中复杂的文化经历，以及随之而产生的批判性文化意识和多重社会认同。

全球化意味着世界时空的缩小和日益强化的世界整体感，这些改变源于资本主义世界体系的扩张、信息高速公路和交通运输的发展。与这种日益压缩的世界紧密相连的是"他者"意识的出现，即意识到他者，譬如移民、外国劳务人员和游客等的存在（Chan，2003：139－155）。迁居和旅居生活使许多人的社会认同日渐分裂，变得多重化。文化的混成化会带来某些文化特征的消失，例如移民后代的个人认同和文化习惯的改变；在文化混成状态下生活而形成的人格，其人格认同多具有变动性，而在特殊地区或民族和小区环境中的生活经历，也会凝结成多重文化认同，"个人可能支离破碎地吸收不同文化的片断，然后有选择地用于不同的环境中"（Leweller，2002：98－99）。

Jonathan Friedman 和 Ted Leweller 对 21 世纪人格认同的传统主义和现代主义状况进行分析，认为传统主义的人格认同多与宗教有所联系，更尊重权威和连续性，束缚在家庭、宗教和小区关系网中，而现代性则标榜个人主义，支持变革。现代人的人格文化特征（identity）是自我的不断扩张，这种人格认同依赖于个人和社会发展的可能性、流动性，以及从非资本主义固化的生存架构，如从家庭、小区和宗教中解放出来（Friedman，1994：91－95）。

后殖民时代，种族、语言和宗教差异突出，冷战的结束，也终结了以阶级、民族、国家和超级意识形态为基础的社会认同，社会和个人认同趋于多元化甚至呈分裂的状况。全球化促进社会群体和个人的跨区流动，家的含义、所属小区的认同、国家归属感都不再单一和静止。多重的、分裂的、依赖环境的认同在相当一部分人中流行，认同混成化，则表明传统的实质主义的文化认同观被逐渐解构。

全球化对发达国家的职业构成产生了深远影响。发达国家中，职业可大体分为三类，制造业（routine production services）、服务业（in-person services）和符号分析处理业（symbolic-analytic services）。大量白领和蓝领被卷入制造业；服务业是为人服务的行业，包括零售人员、文秘人员、理发师、出租车司机、保安、房管等社会服务人员；符号分析处理业包括科学家、大学教授、工程师、投资顾问、律师、出版商、作家、音乐家、电视电影制片人等。

以处理符号——数据、词语、音像等为主的第三产业工作人员的任务是发现和解决问题，兜售战略性构想。他们依靠自己积累的知识和丰富经验，具有独立自主性，不从属于特定的地域或单位。他们的工作和利益更多地和全球范围的企业事业相联系，不依赖个别国家的经济生产。

他们的认同已超越本民族国家，世界性的视野改变了他们对社会责任的认知及其对身份的理解（Reich，1991：252），Eric Hobsbawn 认为，在符号分析工作者的社群中，能更清楚了解到民族国家之间的分野的消退，世界主义不会取代国家认同，但会形成一种新的认同形式。Kenichi Ohmae 在《无边界的世界》一书中谈到，跨国公司已成为一种具有替代性的跨国社群认同体，在跨国公司中，民族国家等同于区域性市场。跨国公司甚至有其历史、杜撰的神话和未来，换句话说，是一个完整的故事，而文化实质上就是关于一群人的故事（Ohmae，1990：182 - 183）。

19 世纪的人类历史大多以民族国家的建立为主线，20 世纪末以来的世界历史表现为国家和种族群体在世界跨国性重构中撤退，国家要么与之相适应，要么被错置和整合。霍布斯鲍姆以历史学家的眼光预言，以民族国家为主体的发展已越过巅峰（Hobsbawm，1990：182 - 183）。当黑格尔哲学中的猫头鹰在民族国家和民族主义头上盘旋时，以国家为基础的社会认同已不再是唯一和实在的。在"后国家"和个人经历跨国化的时代，社会认同的复杂化，使认同概念的理解趋于深化。Stuart Hall 以他的经历对社会认同的侧面进行诠释，认为这不是个人经历的终点，而是一个对存在的不断认知，它不会完成，但总是会在一个特殊的环境中临时定位，并需要个人对环境进行富于想象和适应性的诠释（Hall，1990：53）。

认同因而是一个创造自我反思的行为，是随机的，由社会实践不断塑造，当代的社会认同特征富于流动性、多重性、重复性、可替代性和混成性，其本质不是固定、生而为之、与个人和社会历史无关的（Tajbakhsh，2001：5 - 6；Giddens，1991）。我自己就以个人生活经历为认同的复杂性提供了一个佐证。

## （四）文化混成概念与传统文化的概念

文化混成作为一个适合分析全球化时代文化状况的概念，正日益受到重视，这与原有描述文化交流的概念，诸如同化、文化移入等比较，到底增加了多少新内容，被运用的程度如何？这些都是值得探讨的问题。作为分析性范畴的旧"文化"出现于 19 世纪 60 年代，当时人类学从历史和社会哲学中分离出来，文化成为这门新兴学科的主要研究对象，被定义为一个社会群体生活方式的总和。早期人类学家 Louis Morgan 和斯宾塞研究人类社会及文化从原始到文明的演化规律，从 19 世纪末起，人类学家如 Rivers 和 Boars 不满于这种简单的进化论，把注意力转到文化扩散上，从历史发展的角度来研究文化的成长、发明以及文化模式的扩散。20 世纪 20 年代起，文化接触、文化移入、文化的历史性变异等研究成为重点。

尽管研究路数多变，人类学家仍非常强调文化的有机整体性，并与其他社会文化的性质加以区别。文化不是孤立的行为模式的集合，而是社会成员分享学习所得的有机整体，是"移入总和"（the integrated sum total）和"一系列模式"（a set of patterns）。人类学家 E. B. Taylor 第一次给文化下定义时就强调整体性（Taylor，1871：1）：文化是一个社会成员从社会中获得知识、信念、习俗的复杂整体（complex whole）。克房伯和克拉克洪把 160 多个文化定义区分为六大类，第一、第二和第五类定义都强调有机整体性、继承性和结构性：文化包括一个小区习俗的全部表现形式（Boas）；文化意指"社会中被传承下来的传统"；文化是"一整套历史上传承下来的关于生活的公开的和暗含的设计方案"（Kelly）（Boas，1930；Linton，1936：78；Kelly，1945：98）。后一类定义突出文化要素的整体性、系统性（systematic quality）和逻辑概念（logical construct）。

文化内涵的界定因不同研究范围的不同设想而有异。社会学家把宗教、宗族、区域或特殊社会环境影响下形成的民族文化区分为文化的一个分支——"次文化"；旧的人类学把文化看成是全社会成员行为的共同特征，人类学家林顿认为，共享相同的历史、语言、社会制度、地理环境和生产方式等，会形成相似的文化习惯和人格特征。文化的形成显然需要长期植根于特定的地域，并经连续不断的实践，才能形成延续的行为模式和清晰的世界观。社会认同也与社会现存的一整套信念、神话、价值观、历史记忆，以及语言、法律制度和仪式有关，民族国家最能提供一个使这些内容完整体现的载体（Smith，1991：143 - 144）。

文化混成（cultural hybridity）是对旧文化概念的修正。旧概念把文化视为一个整合社会实践的规范准则，使社会维持延续的认同，并把自己的生活方式与其他社会作出区分。于是，这些独特文化价值观的传播和被遵守的范围也与该社会的疆域重合。新的观念认为，一种文化在大多数情况下都表现为多种相异文化的杂陈，是对旧文化中民族文化具有整体性概念的挑战。同时，认为大多数文化由本土、外来文化因素混成而产生文化变体的观念，也是对存有"国粹"或纯净观点的传统文化的解构。

然而，围绕这个新概念，仍存在许多具有争议的问题，例如，从母体文化中分离出来的片断或与外来文化混成形成的变异，是否能构成新文化及认同的基础？一些学者认为，在欧洲和美国那些有大量移民的社会中，文化多元化似乎并

没有成为现实，相反，移民小区正日益失去对原有语言和文化习惯的执着（Featherstone and Lash，1999）。另一些学者则质疑移民小区已被同化的说法，认为这是不同文化的新混合形式（Papastergiadis，2005：16 - 17），不可以把"混成"视为全球化进程期间文化交融形势下出现的文化整合滞后现象（Pieterse，2001：2 - 3），应当区分"服从式混成"（compliant hybridity）和"批判性混成"（critical hybridity）（中国人的"和而不同"），后者承认而不是压制内部的文化差异。

另外，在当代高度制度化和模式化的社会中，怎样做到"和而不同"？或者说，社会群体的不同价值观、行为模式、审美观在哪些层次上可以得到表现？许多不同文化的价值观互相冲突，例如，美国文化和法律禁止父母体罚子女，但在中国文化里，父母体罚子女很正常；伊斯兰妇女佩戴头巾是社会习俗，可法国政府不允许在校学生穿戴特殊的宗教服饰。这表明，在公众场所社会可能只允许实践一种行为模式和价值观。

Scirotino（1991）认为，移民群体增加了西方社会文化和宗族差异性的说法证据不足。大多数在美国进行的全国性调查仅"显示出一些公共价值观念，如民主、机会平等、社会流动、人权、以爱情为基础的婚姻、宗教多元和成年子女居住单人房间等观念带给新移民的冲击，但移民并非发展出截然不同或互相冲突的生活方式"。美国的调查显示移民并不主动抗拒同化，而且，移民逐渐迁出种族聚居区域，移民后代使用原民族语言的能力逐渐丧失，跨种族通婚日渐增多，移民文化的延续仅是因为新移民的到来（Scirotino，2003；转引自 Chan，2003：97）。此外，不应忘记，任何一个社会都有一套鼓励遵守社会规范和惩戒违规的制度。"霸权文化制度试图把所有与之竞争的其他关于世界的定义置于自己的框架之内"（Hall and Jefferson，1976；转引自 Lee，2003），Antonio Gramsci 的话说明，一个社会的文化具有同化内部多样性的趋势。当然，意识到这些统治性的束缚，正是坚持"混成"的理由。

尽管学者对"混成"内涵的理解和界定仍有极大争议，但也开辟出有意义的研究领域。到目前为止，大多数研究仅把"混成"（hybridity）和"混成化"／"混成过程"（hybridization）运用于描述一种状态和过程——杂乱和多样性的状态。然而，根深蒂固的人类认知习惯是倾向于要在混乱中找出结构和秩序，而不仅是解构和否认秩序。我试图在理论构建上做出尝试，提出"混成"是一个抵御权威的"第三空间"，通过表达与另外两个空间不同的话语和内容，创造新的文化形式。第三空间的出现需要反思对立的观念、价值和意义，并与之妥协或进行谈判。因此"混成"不是简单地在表面上混合不同的文化因素，而是需要削弱（或至少采取中立的态度）己方文化中为他方文化所不能接受的内容和形式

（deculturation），同时纳入或接受他方文化的形式（reculturation）。以跨国公司在世界各地推广和销售其产品为例，其总是要牵涉到"去除原产地文化特征"和"适合销售地文化"这两个过程。

中国当代哲学家汤一介对不同文化交流时如何实现"和而不同"提出了四种模式：①在对话中发现其他文化观念与本土文化观念很相近，因而接受并保留各自特点；②在其他文化中发现了本土文化没有的但可以接受的新观念，通过改造加以纳入，从而丰富了本民族的文化内容；③在其他文化中发现了与本民族旧文化观念不兼容但有意义的新观念，因而放弃了本土的旧观念，接受外来新观念，推动社会文化的发展；④在交流中创造出了双方或多方都不曾有的新文化观念（汤一介，1999）。汤一介先生所谈到的不同文化观念的相遇，可以由异趋同，谋得共识与共存。根据这样的理念，不同的文化观念和行为方式，只不过是人类应对自然和社会环境问题的方式。这些方式，如 Claude Lévi-Strauss 所说，只是人类面对同样问题时，几种可能选择方式中的一种。

混成的概念显然也有助于我们正确分析和对待 20 世纪末以来的文化现实。混成突出了现实生活中文化交融的复杂性，但不执着于绝对的文化认同，后者是原教旨主义和分离主义的信念基础。"和而不同"的观念使我们得以挣脱原教旨主义的诱惑和文明冲突悲观论之论调（Canclini，2000：48；Hannerz，1996；Ang，2003：7）。

# 二、中国思想史上的文化交流观念

## （一）"和而不同"的观念

"和而不同"和文化一元化这两种观点都可以在中国哲学思想中找到，"和而不同"还一度是中国文化的主流思想，与文化发展有密切关系。早在西周末年，周王室衰落，地方封国的经济文化得以发展，多样性的生活风俗、音乐、艺术风格相继呈现在中华大地上。《尚书·禹贡》把当时的中国大陆分为九州，并描述九州不同地域的文化特征；《诗经》中的"国风"按周南、卫、王、郑、齐、魏等十五个诸侯国和地区分别汇编民歌；曾侯乙编钟乐律铭文对楚、曾、齐、晋等国和地区之律名的异同进行比较，并梳理出其对应关系；《礼记·王制》已注意到中原及四方诸族文化的差异，主张尊重风俗，但在政制和教化上推行中国化。这样的社会现实具有"世界主义"思想，也是中国古典哲学家们肯

定多样性，主张异质文化"和而不同"观点的背景。

"和而不同"的原意是指不同的事物、思想文化和社会生活方式调和在一起，构成社会生活和事物存在的常态，以及新事物成长的途径。当政治家和思想家在西周末年思考如何面对多种不同的文化观念和风俗时，就讨论了保持多样性和追求单一性的利弊。西周末年所谓的"和同之辨"中，周太史史伯辨析"和"（接近"混成化"）的哲学含义说"夫和实生物，同则不继"，多种不同质的因素和合形成新事物，同质事物混合不能产生新事物。史伯对"和"以及不同质事物混合之成效的阐述如下：

> 夫和实生物，同则不继。以他平他谓之和，故能丰长而物归之。若以同裨同，尽乃弃矣。故先王以土与金木水火杂，以成百物。是以和五味以调口，刚四肢以卫体，和六律以聪耳，正七体以役心，平八索以成人，建九纪以立纯德，合十数以训百体……于是乎先王聘后于异姓，求财于有方，择臣取谏工而讲以多物，务和同也。声一无听，物一无文，味一无果，物一不讲。
>
> 《国语·郑语》

上述中国古典话语，讲究语句对称和运用讽喻格调。史伯认为单调统一不能形成丰富多彩的万事万物，和合多种不同的音乐风格、意见、人群和产物，社会生产才能得到发展，国家才能得以治理，因此呼吁统治者应看到"多样化"的创造性意义，甚至用人种学的例子"先王聘后于异姓"来加以说明。

从词源学上，可以看出"和"字后来被运用于文化交融的话语中的原因。"和"在汉语中原意是指两根苇竹管制成的笙管乐器，甲骨文中写为龢，篆文写为龢。"龢"从"龠"从"禾"，《说文解字》解释龠为"龠，乐之竹管，三孔，和众声也"。由两根或三根竹管协奏出和谐的乐曲，引申出名词"和声"、形容词"和谐"和动词"调和"。

多样性的和谐并存被认为是自然和社会生活的常态，"万物负阴而抱阳，冲气以为和"（陈鼓应，1993：232）。"和曰'常'，知常曰'明'"（陈鼓应，1993：276）。《淮南子·天文训》有"道始于一，一而不生，故分为阴阳，阴阳合和而万物生"。《管子·内业》也写道："和乃生，不和不生。"

"和"后来被用于讨论文化融合，与"乐"有关联。"乐""礼"是中国古代文化话语的两大范畴，乐被认为能表达和陶冶思想情操，感化人心，是令社会上不同人群思想感情协调的重要文化手段。中国古代经典常说，先王"制礼作乐"，礼、乐代表中国文化传统，"乐者，通伦理者也"（王文锦，2007：528），"兴于《诗》，立于礼，成于乐"（杨伯峻，2011：168），在《说文解字》中有

"礼乐天地之化也"，礼乐是用以教化民众的文化手段。

周太史史伯的议论表现出中国文化形成期那种朴素的"有容乃大"的思想。后来晏婴从正反两面说明应该允许思想观点差异性的存在，并让其有表达的权利和渠道。《左传·昭公二十年》记载晏婴关于"和"的议论：

> 齐侯至自田，晏子侍于遄台，子犹驰而造焉。公曰：唯据与我和夫！晏子对曰：据亦同也，焉得为和？公曰：和与同异乎？对曰：异。和如羹焉，水火醯醢盐梅，以烹鱼肉，燀之以薪，宰夫和之，齐之以味，济其不及，以泄其过。君子食之，以平其心。君臣亦然，君所谓可，而有否焉，臣献其否，以成其可；君所谓否，而有可焉，臣献其可，以去其否。是以政平而不干，民无争心。……今据不然。君所谓可，据亦曰可；君所谓否，据亦曰否。若以水济水，谁能食之？若琴瑟之专壹，谁能听之？同之不可也如是。

> 阮元：《十三经注疏》（影印本），中华书局，2003年

晏婴指出，不同原料配合才能产生美味佳肴，不同意见互相参考妥协、相济相成，有利于国家治理，从而阐述差异性的正面意义。承认差异性，并视为一种正常状态的思想，孔子的表述可谓经典："君子和而不同，小人同而不和"（杨伯峻，2011：289）。

这种思想可能是由于中国哲学家认识到，"同"不能促进事物及文化多样性的出现和延续。《说文解字注》说，"同，重复也"，"同则不继"，因而主张"以和对多"，"和众声"，后来又与"非寡""尚多"和"非乱"的思想相联系。古典文化理论家们认为不同的人生活在一起，可以"礼以道其志，乐以和其声"。《说文解字注》诠释说，"和，相应也"，试图用礼乐规范不同的志向和话语风格，因此"和"与英文 hybridization 有一定差异。

## （二）"求同崇儒"对"和而不同"的否定

新石器时代，中华大地呈现出多元文化交互发展的趋势，在周代形成了十五个不同地区的风土人情和诗歌音乐风格。《汉书·地理志》把各地区民风民俗的差别归于地理环境和统治者的引导。"泛民函五常之性，而其刚柔缓急，音声不同，系水土之风气，……好恶取舍。动静之常，随君上之情欲。"九州人情风俗差异，"潇湘（人民）……清慧而文"，"吴越之君尚勇，故其民好用剑"，"浙东多山，故刚劲而邻于亢；浙西近泽，故文秀而亡靡"。

春秋时代所谓七大文化圈在语言文字、风俗习惯、政治和经济诸方面的确存

在差异（李学勤，1984）。那个时代的哲学思想流派与地理区域相联系，儒、墨以鲁为中心，道家源于楚、陈、宋，法家源于三晋，纵横家出于周、卫。周秦之际，区域文化始融合汇聚于中原，形成中国文化主流。这种文化的"组合"到秦始皇时代方被"大一统化"（黄新亚，1998：5-6）。

春秋战国时期"和而不同"的思想被战国后期的"求同"愿望所替代。《吕氏春秋·不二》即明确表示："听众人议以治国，国危无日矣"，"故一则治，异则乱；一则安，异则危"。在这种思想的指导下，秦始皇除异求同，追求"行同伦""书同文""度同制""地同域"，借助政治霸权推行规范化，建立大一统文化，结束了中国思想文化的多元繁荣局面。

文化整合在汉代进入新阶段。武帝时，董仲舒高举"崇儒更化"的旗帜，鼓吹一统宗教哲学伦理思想，"今师异道，人异论，百家殊方，指意不同，……臣愚以为诸不在六艺之科孔子之术者，皆绝其道，勿使并进。邪辟之说灭息，然后统纪可一而法度可明，民知所从矣"（班固，2007：2523）。秦皇汉武横扫六合、文化一统的举措显示，中国专制皇权借抬高一种价值文化体系及压制另一些文化的形式，来调和社会内部的异质文化。

古典"和合"的思想在大一统社会中的内涵已发生重大改变，"和"强调包容性，差异性的统一不再受到重视。这一点由宋明理学从宇宙论的角度论述"和"能观其一二。他们认为"和"是新事物赖以萌芽的方式，也是宇宙物质的原初状态。张载议论说，"由气化，有道之名"，"太和所谓道"。王夫之诠释说，"太和，和之至也。……阴阳异撰，而其绸缊于太虚之中，……未有形气之先，本无不和；既有形器之后，其和不失，故曰太和"。这明显显示出一种没有差异性的观念，"和而不同"的思想被整合进无差异的原初宇宙状态的观念中。金耀基认为，"中国社会强调社会整合，而不是目的之追求"，唐君毅先生也指出，中国传统文化思想重"融会贯通于一统"，"不利于差异化之发展"。然而，"和而不同"的思想仍产生了重大影响，为中国文化吸收异己（如佛教）和纳入不同种族的人群提供了思想基础。

## （三）宗教融合论

混成的概念包含宗教融合的思想。宗教融合论在中国思想中很突出，"分久必合，合久必分"，秦汉四百年的统合局面被汉唐间的外族入侵和内部分裂打破后，如何处理种族文化的差异性再次成为这段时间的思想和政治话题。隋文帝执政后，对当时多元的种族、宗教和文化采取十分开明的政策，他注意到"佛法深妙，道教虚融"，主张三教并存、合流。唐朝也基本奉行三教并存，不推行文化偏执主义。

汉以后，佛教的进入和流行，催生了中国宗教融合思潮和所谓的"会通之学"。中国文化和宗教流派互相吸收，情况十分明显，道教吸取方仙道、黄老道以及经学、墨家的观点方法，呈现出"杂家"的面貌。"会同"精神在佛教中称为"判教"，"其总的趋势是佛教各宗派与禅宗的融合"（张岂之，1994：101），天台宗、华严宗和禅宗合流并蓄。宋明儒学融合佛道思想，佛教也用儒家伦理观念来解释佛教内涵，僧人们把佛教的"五戒"说成儒家的"五常"，佛教用老庄思想对教义比附、"格义"。佛、道自称可以"辅助王化"，而儒家则在"三教归儒"的口号下吸收佛道。三教在中国文化中的并存，宋以后被形象地表述为"以儒治国，以道治身，以佛治心"。

唐代佛学思想家宗密（780—841）的宗教融合论特别值得注意，他所提倡的融合不是排斥异己，而是相互承认合理性。宗密所生活的盛唐时期，儒、佛、道三教内外竞争激烈，在佛教内有诸宗，禅宗又分为各派，佛教后面还有与中国传统思想相异的印度宇宙论和文化哲学。宗密试图以佛教的话语来融合并存竞争的诸种不同宗教文化派系。他认为，只要找到一个基点和一种方法，各种不同的宗教流派和文化理论在思想上的会通就是可能的。在共同的基础上可以存同避异，和而不同。宗密会通三教的基础是"真心"的概念，他从万法归于真心、三教流出圣人之心来"判教"，解构各教修身养性、追求人生真谛的方法和途径，来寻找融会贯通之路数。

裴休评价宗密的宗教融合论，说他"以如来三种教义，应禅宗三种法门，融瓶盘钗钏为一金，搅酥酪醍醐为一味，振纲领而举者皆顺，据会要而来者同趋……世尊为禅教之主，吾师为会教之人，本末相扶，远近相照，可谓毕一代时教之能事矣"（都序叙，转引自董群，2002：335）。这段评论颇有春秋时期的史伯、晏婴之文风。

宗密的宗教融合论对中国后来的宗教思想的发展产生了深远影响，成为唐宋以后佛教发展的策略，当佛教内部出现新的教派并处于衰退之际，融合会通是一种常采用的方法。在净土宗和禅宗竞争时，禅宗思想家从修行活动之目的入手，提出的"参禅"和"念佛"都为寻求生死之道，获得"真心"，以求同存异，二宗归一（天如和尚，转引自董群，2002：308）。宗密以后，经契嵩（1007—1072）大力倡导，儒、释、道三教合一成为佛教求生存、谋发展的基本理念，以至后来的高僧都要对三教合一进行论述。大慧宗杲（1089—1163）声称"三教圣人立教虽异，而其道同归一致"（大慧普觉，转引自董群，2002：345）。永觉和尚提出"儒释虽分途……其教似分而实合也"，"儒释同源，似太虚而岂分疆界"（永觉元贤，转引自董群，2002：345）。

高僧憨山（1546—1623）也从儒、释、道对人生的意义和作用来论证三教合一的基础。"为学有三要，所谓不读《春秋》，不能涉世；不精《老》《庄》，不能超世；不参禅，不能出世。此三者，经世、出世之术备矣。缺一则偏，缺二则狭，三者无一而称人者，则肖之而已。"（憨山，转引自董群，2002）中国佛教求同存异，在避免冲突中求生存和发展，与欧洲历史上基督教、伊斯兰教、新教和天主教因宗教纷争而多次发生流血冲突的事件形成鲜明对比。

宗密这种和合三教九流的精神在宋代理学中得到继承。宋代理学家几乎都有入于佛教而返求于儒教的经历，并通过批判佛老思想建立自己的新儒学体系，譬如张载和朱熹在理论中糅合、改造佛老的哲学范畴和理念就为一例。

## （四）混成宗教：中国化的佛教与禅宗

在汉唐之间和明末清初的两次混成中，外来文化都处于弱势，因此首先依附、适应中国本土文化，甚而改头换面，从而得以在中国传播（汤一介，1999）。佛教成功落土中国，而基督教在明清之际的传播最终失败，是由于教廷和耶稣会士未能让其教义适应君权至上的中国意识形态。

汉代时，佛教传入中国，到唐代达到顶峰。魏晋时，玄学兴起，关注"本末有无"，其与佛教般若学的中心问题"空"和"有"很接近，对佛教也持欢迎态度。佛教般若学流行，宋齐以后，涅槃学兴起，至梁大盛，两者有前后相继的关系。南北朝时期的佛教破除世间虚幻假象后，涅槃的"佛性"学说得以彰显，佛教在征服中国的同时，教义也发生了转化（Chen，1973）。

佛教与中国本土的宗教伦理有冲突，最受争议的问题是"沙门应否敬王者"，另外，佛教徒出家修行的观念强调对神佛的崇拜依附，在某种程度上否定了家庭亲情，与中国的孝道观念发生矛盾。佛教的核心故事，佛陀离家去国所代表的价值观，与中国以"忠"为伦理基点的观念也相违背。佛教把个人精神的超越放置在社会责任与血缘亲情之上，可是，中国社会没有教权超越世俗政治权力的观念，也没有一个高居社会金字塔顶端的祭师阶层，因此这些佛教理念和实践得不到支持。

在强势的专制王权和中国传统思想下，佛教不得不承认中国传统核心价值的合理性，并在此范围内调整说法。无论是佛教僧团与世俗政权的关系，还是佛教戒律与中国社会道德伦理的关系，佛教的立场都在挪移。符合中国伦理观念的佛经被特意挑选出来，并广为传播。

当时颇为流传的伪经就是佛教教义与中国伦理价值观相调和的文献证据。对孝道非常褒扬的《父母恩重经》就可能是编造的疑伪经。《父母恩重经》出现于

7世纪后期，到8世纪下半叶的唐朝贞元年间已十分流行，敦煌莫高窟156、170、238和449窟中，绘有《父母恩重经变相》。佛经中，佛陀还通过阿难向世人宣说："人有父母，不可不孝。"（李富华，转引自葛兆光，2004：445）疑经和伪经表明了佛教基本教义在中国语境中的转换和中国信佛者在中国文化背景下对佛教的重新诠释（葛兆光，2004：448）。

汪琪（Georgette Wang）谈到全球化过程中，在文化"和而不同"的混成过程里所出现的"本位文化萎缩"（deculturalization）和"在地同化"（acculturalization）这两种现象时认为，前一过程把产品中所包含的种族、历史或宗教等妨碍接纳其他文化群体的特征，消融于其他群体所熟悉的叙述模式中，由此减弱文化差异，并保证不同文化群体的观众能够理解，这就是她所称之为"在地同化"（acculturalized）了的文化产品，好莱坞全球畅销的影片就是一个例子（Wang，2005：5）。

禅宗的发展是佛教进一步和中国文化相融合而逐步中国化和世俗化的过程。隋唐时期，印度佛教被中国文化吸纳，出现若干中国化的佛教宗派，如天台宗、华严宗和禅宗。由南朝宋末的菩提达摩创立、经唐代六祖慧能发展成形的禅宗保留了一些源于印度佛教的仪规戒律，又把庄子的"任自然"和儒家的"忠孝"观念混糅在其学说中。

禅宗之前的各个佛教学派把坐禅、渐悟当成修行成佛的重要方法和途径；禅宗则主张人先天具有本性及佛性，反对坐禅，认为可以通过顿悟成佛，依靠内心的自觉，做到"无念"，就可以禅定。禅宗破除对佛经的迷信，使修行和提高道德意识与中国传统哲学所主张的方式接近，既是经院佛学的终结，也为佛学的民间化和大众化开辟了道路。经禅宗的改造，佛教大大地中国化了。

佛教在中国发展的过程中，不仅肯定儒教孝亲的思想，也接受忠君的思想，并使之制度化和仪规化。宋真宗（998—1022）时，杨亿向朝廷呈进《百丈清规》，经批准成为官方规则，得到全国丛林寺庙的遵守。元朝元统三年（1335），朝廷命江西百丈山大智寿圣禅寺住持德辉禅师重校《百丈清规》，后以《敕修百丈清规》颁行全国寺庙，沿用至今。分为九章的《百丈清规》，首章即是关于国忌、祝圣祈祷的内容，规定凡皇帝生日、帝王后妃忌日，佛教和道教都要在供奉有历代诸皇帝画像的寺院设斋行香、做法会、诵经行仪、祈福或超度；一旦有皇帝诏书，僧尼道士均须排队听诏，甚至还有专为祝祷国运昌盛而设的"仁王护国法会"。明代梵琦更明确提出"皇法高于佛法，国恩深于佛恩"的说法（何锡蓉，2004：213）。

在中国农耕社会条件下，印度佛教的戒杀生、不准垦殖的戒律，也被农禅制度取代。唐朝始，政府便颁田给僧尼耕种，以使其自食其力。《百丈清规》便倡

导了"一日不作，一日不食"的农禅生活。这表明佛教找到了适应中国文化的制度形式。

在中国宗族制和孝道思想的影响下，原始印度佛教的那种"依法不依人"变成中国佛教的"依人不依法"，师徒关系世代相传，形成门派世系，犹如世俗社会的族系宗谱，并由此建立"衣钵"传授制度（何锡蓉，2004：211－212）。这种情况颇像经济全球化过程中营销全球产品所出现的异质文化之混成。C. C. Lee 用"非本地化"和"本土化"两个概念来描述全球化生产及其产品销售中所发生的双向文化现象。"非本地化"是指使产品尽可能被更广大地域和更多人群接受，在产品的形式和内容上尽可能减少本地文化特征；"本土化"指产品在国际化的生产过程中加入适应地域特点和文化形式的内容（Lee，2003：36）。

印度佛教立场挪移，靠近并纳入中国核心伦理价值观，建立起中国式的寺院和农禅制度，并像儒家那样，一度成为官方化的宗教意识形态。但是，佛教的核心故事及其象征意义、原始大义、寺庙菩萨雕塑、色彩和服饰、佛经话语词汇仍被保留了下来。

中国对佛教的传入是持开放态度的，同时又用本位文化加以解释和改造，形成文化的双向选择，这种实践和理论颇符合"混成化"含义（汤一介，1993：258）。反观明清之际，基督教东来，中国对耶稣会士传来的科学技术持欢迎态度，但对天主教宇宙观和社会政治观念则不欢迎。上帝高于世俗统治者和家庭的观念，与中国的核心价值观、忠孝观相左，天主教拒绝作出调整，以致被禁并被逐出中国。

## （五）种族和文化的混成

经汉隋和唐宋之间两次异族大规模入侵，加上印度佛教与中亚文化传入，中国文化的混成性已形成。汉末以来，匈奴、鲜卑、羯族、羌族和氐族五个少数民族内迁中原，与当地人在人种上融合，史称"五胡乱华"。唐太宗鼓励民族融合，声称"自古皆贵中华，贱夷狄，朕独爱之如一"。宋代，北方辽、夏、金、元少数民族政权入主中原，中原人民南迁，"扶携南渡，不知几千万人"（安作璋、王克奇，1992）。中原人民同北方游牧民族和南方山地游耕民族的交融，表现为双向的影响，不仅"蛮夷"汉化，中原一些地区也"胡化"和"夷化"。钱穆先生就曾指出，南北朝以后，中国人已不是纯粹的"华夏"种族。

元朝时，黄河流域属中书省直辖之腹地，大批蒙古人、色目人迁入与汉人杂居。明朝开国皇帝朱元璋进军中原时，下令禁止"胡服、胡语、胡姓"，于是蒙古人和色目人等多改汉姓，"百多年的胡俗悉复中国之旧"。一千多年间发生的种族文化混成融合，使政治上"胡汉越夷共一家"，血缘上"华宗上姓与毡裘之种相乱"，习俗上"相忘相化，而亦不易两别"（《皇明经世文编》，转引自安作璋、王克奇，1992：13）。

汉末到盛唐之间是中国对外来文化艺术兼收并蓄的重要时期。中国和中亚的塔吉克斯坦、乌兹别克斯坦，南亚的阿富汗和印度等地通商，文化上受这些民族的影响很深。现今留存下来的许多当时的青铜器、玉器、石雕和丝绸等，都可看到外来艺术风格的痕迹。2004年10月，纽约大都会博物馆展出唐代骆驼和人的雕像，雕刻是中国式的，而人则是鲜卑人的外貌；另有展出的一块金饰板亦是文化融合的象征，有中国传统象征的龙凤吊坠，但制作风格却与1世纪的阿富汗艺术品类似。

印度的佛教、历法、医学和音乐美术，中亚的音乐舞蹈，西亚和欧洲的景教、摩尼教、伊斯兰教，都传入唐帝国。《旧唐书·舆服志》描写当时的风尚，"太常乐尚胡曲，贵人御馔尽供胡食，士女皆竞衣胡服"。唐开元、天宝年间，京城长安的文化社会生活表现出多种文化影响的特征，"胡化盛极一时"（吴小如，2003：137）。唐代开放繁荣的文化状况，同"海纳百川，有容乃大"的中国古典观念似乎很吻合（张岱年、方克立，2003：391）。

佛教与中国文化融合，异质的艺术形式、象征符号、宗教观念也与中国传统价值观、审美情趣和制度相混合，改变了中国文明的面貌，唐代的文化社会生活便呈现前所未有的丰富性。佛教的意境影响中国画风，东晋画家顾恺之和唐代画家吴道子等人的画就是例证。印度的宇宙论、医药知识和方术也融入中国思想体系，中国传统的方术吸收了婆罗门与佛教的按摩和坐禅。

唐宋以后，中国哲学许多新的范畴或由印度佛学引入，或在佛学观念的基础上发展起来。佛教哲理强有力地影响了中国伦理哲学思维，对宋明理学的形成贡献甚巨。禅宗"识心见佛""见性成佛"的观念上接先秦"心性之说"，下启宋明理学的"心性学说"。

## （六）文化交融的"体""用"二分思维

宋以后，在如何处理主流文化价值与边缘文化和外来文化的关系上，界定"体"和"用"的范畴至关重要。"体"指中国社会中最重要的伦理原则和行为规范，与边缘和外来文化的关系处于不对称的地位。

"体"和"用"成为中国古代哲学话语的重要概念可追溯至先秦，孔子曾谈到"礼之用，和为贵"（杨伯峻，2011：15），荀子议论说"君子有常体"，指君子有做人的基本原则。魏晋玄学把"体用"与"有无"范畴相联系。唐代佛教

文献谈到"体用"颇多，"体"指精神实体。宋初胡瑗的弟子刘彝阐释胡瑗的"明体达用之学"："圣人之道，有体、有用、有文。君臣父子，仁义礼乐，历世不可变者，其体也；《诗》《书》、史传子集，垂法后世者，其文也；举而措之天下，能润泽斯民归于皇极者，其用也。"这里把行为规范和伦理原则视为体，沿用荀子之义。胡瑗的另一弟子陈颐把理视为体，以象为用，"至微者理也，至著者象也。体用一源，显微无间"，在这里，象，指天象、象征或现象。朱熹承继陈颐的思想，阐述"理者，天之体；命者，理之用"。

实际上，从汉代起中国哲学思想中就有一股强大的思潮，把中国社会居于霸权的政治伦理原则视为中国文化的核心、中国区别于其他社会的本质特征，并且认为中国文化是完善和优越的，美国汉学家费正清将其称为中国的"文化中心主义"。

清末出现新一轮大规模的中外文化交流，张之洞提出的"中学为体，西学为用"的模式，把中国的伦理道德哲学原则和传统学术看作是"体"，西方的法制、器械和工艺看作"用"。这种"和而不同"的概念旨在区分精神文明和物质文明，力图避免中国精神文明的"混成化"，其影响直到现在我们仍可感觉到。20世纪80年代，中国大陆对中外文化交融有"中体中用""西体西用"和"西体中用"的理论，其中李泽厚的"西体中用"模式受到广泛注意。李泽厚的理论中"西体"即现代西方的经济和科技以及"民主"制度形式，在马克思主义的指导下为中国所移植。

吴仲明批评李泽厚，并为中国当代文化交融的"体用"模式作出比较清楚的批注。他认为每一种文化都有它的"体"和"用"，前者称为"特殊文化模式"，后者称为"一般文化模式"，即生产方式和其他与之发展相联系的模式，包括科学技术和社会制度等。"特殊文化模式"与民族认同、民族心理特征和哲学抽象思维方式有关，是民族文化真正的"体"，不可移植和输出。他还区分文化移入的两个阶段：①机械式混合；②有机融合——本土的文化模式和外来的文化模式有机合成一个新的文化模式（吴仲明，1998：20 - 22）。吴仲明显然没有意识到社会认同本身也可以是多重的和流变的。

文化认同——我们是谁？这个问题又牵扯到我们从哪里来、正走向何处这些问题。答案显然不是完成式的，而是和历史有关的、不断更新流变的。在20世纪80年代中国大陆极有影响力的电视纪录片《河殇》中，中国被描写为黄河文明，正试图融入蓝色的海洋文明，这是中国当代文化认同变迁的一个明显例子，也引起了对中国文化核心价值观念的反思，推动人们对传统重新进行诠释。

汤一介对民族文化的实体性和排他性的限度作出很有意思的讨论。他认为，一种有生命力的文化一方面表现为有规定性（非虚）才可以延续，另一方面表现为无规定性（非实）才可以适应环境，从而借鉴吸纳其他的文化成就。文化在有墙和无墙之间发展，则将更为理想（汤一介，1993：193）。

一个半世纪以来，当欧洲、日本、俄罗斯和美国的文化与中国文化交流之后，中国文化的变异是明显的。首先是语言的混成化。19、20世纪之交，在康有为、梁启超、严复、谭嗣同、章炳麟和王国维等人所生活的那个时代，人们引进西方文化和思想观念，在汉语中产生了许多新的词汇。一些西方词汇被汉字音译，另一些由日本人用汉字首译，再传入中国，如"干部"；其他一些则通过改造中国的旧词义，附上西方含义，例如"文化"一词，由"文治教化"转为指称一个民族的生活方式，或文学艺术等精神领域的成就。

其次是政治经济法律制度上的变异，国共两党都采用欧美首创的制度形式。20世纪80年代以后，维持经济增长的愿望促使中国在更广泛的领域内借鉴西方现代政治经济文化形式。当代中国大陆社会中出现许多新的文化制度和行为规范，都由模仿或借鉴相同社会环境下发达国家所采用的行为规范而来。加入WTO后，中国正按照市场经济和自由贸易的原则修改各项法规，许多旧条例被废除。国际社会所普遍认同的思想观念、原则和法制，例如WTO规则、法制社会、契约精神、公民权利、政府责任、公平竞争、新闻监督、社会保障等正日益得到认同。关于司法、教育、贸易法规等和世界接轨的说法，表明中国大陆日趋接纳外国文化，但在政治文化的核心价值观念上仍保持中国特征。

当中国还在探索经济和文化的现代性时，历史学家和文学家已在谈论后现代性。但在广大的内陆地区，农耕生活方式仍在持续。在一些中国电影中，我们可以看到三种异质文化因素奇妙的糅合：中国古典传奇、传统苏式社会主义制度和各种相关的论述话语，以及现代西方发达国家才有的经济和政治故事。

# 三、结语

混成文化的观念告诉我们，人类文化发展的本身就是不同文化互相接触、影响和交融的过程，混成化/混成过程是文化发展的常态。现在大多数的文化很难称为纯粹本土的文化，国粹主义和民族主义论调根本经不起历史的推敲。人类历史上，文化的发展总会面临不同文化的碰撞、交织，如果互相妥协，和而不同，就能促使新的文化形式诞生。这种历史意识对思考如何面对当今世界的民族和文化冲突有借鉴意义。

倡导"非寡""非同"，追求多元和谐之"和而不同"的儒家文化理念，以及中国古典文化中一度出现的"海纳百川，有容乃大"的思想，反驳了不同文

化或文明之间不可调和并必然导致冲突的理论。中国古代的文化实践表明了异域文化与本土文化的接触交流可以是互动的、改变双方的。汤一介对此做出颇有意义的诠释："和而不同"应是寻求"全球伦理"的一条原则（汤一介，2000）。"和而不同"首先承认不同，然后在"商讨中找到交汇点"或（和）"双方能接受的普遍原则，并不想抹杀任何一方特点"，"在此基础上推动双方文化的发展"（汤一介，1999：251）。今天，这种观念下的文化交流融合，能够脱离西方中心论所架构的"西方—非西方"之间的对立（Kraidy，2002：316 - 339），以及避免文明冲突论预言的结果。

## 参考文献

［1］ ANG I. Representing social life in a conflictive global world：from diaspora to hybridity //Working paper series. Hong Kong：David C. Lam Institute for East – West Studies, Hong Kong Baptist University, 2003（12）.

［2］ BAKHTIN M. The dialogic imagination：four essays. Translated by EMERSON C & MICHAEL M. Austin：University of Texas Press, 1981.

［3］ BHABHA H. The postcolonial critic. Arena, 1991（61）.

［4］ BOAS F. Anthropology//SELIGMAN E R A. Encyclopedia of the social sciences. New York：Macmillan, 1930.

［5］ CANCLINI N G. Hybrid cultures：strategies for entering and leaving modernity. Translated by CHIAPPARI C L & LOPEZ S L. Minneapolis：University of Minnesota Press, 1997.

［6］ CANCLINI N G. The state of war and the state of hybridization//GILROY P, GROSSBERG L & MCROBBIE A. Without guarantees：in honour of Stuart Hall. London：Verso, 2000.

［7］ CHAN K B. Imaging//Desiring cosmopolitanism. Global change, race and security, 2003, 15（2）.

［8］ CHAN K B. Hybridity：promises and limits. Toronto：de Sitter Publications, 2011.

［9］ CHAN K B. Hybrid Hong Kong. London：Routledge, 2012.

［10］ CHEN K K S. The Chinese transformation of buddhism. New Jersey：Princeton University Press, 1973.

［11］ FRIEDMAN J. Cultural identity and global processes. London：Sage, 1994.

［12］ GEERTZ C. Works and lives, the anthropologist as author. Cambridge：Polity Press, 1988.

［13］GELLNER E. Nations and nationalism. Oxford：Blackwell，1983.

［14］GIDDENS A. Modernity and self-identity：self and society in the late modern age. Palo Alto：Stanford University Press，1991.

［15］GILROY P, GROSSBERG L & MCROBBIE A. Without guarantees：in honour of Stuart Hall. London：Verso，2000.

［16］HALL S. The emergence of cultural studies and the crisis of humanities. The humanities as social technology，1990（53）.

［17］HALL S & JEFFERSON T. Resistance through rituals：youth subcultures in post-war Britain. London：Hutchinson，1976//LEE R E. Life and times of cultural studies：the politics and transformation of the structures of knowledge. Durham：Duke University Press，2003.

［18］HANNERZ U. Transnational connections. London：Routledge，1996.

［19］HOBSBAWM E. Nations and nationalism since 1780. Cambridge：Cambridge University Press，1990.

［20］KELLY W H. The concept of culture// LINTON R. The science of man in the world crisis. New York：Columbia University Press，1945.

［21］KNOX R. The races of men：a philosophical enquiry into the influence of race over the destinies of nations. London：Renshaw，1862.

［22］KRAIDY M M. Hybridity in cultural globalization. Communication theory，2002，12（3）.

［23］LEE C C. Media business strategies in the global era：from a "connectivity" perspective. Mass communication research，2003，75（1）.

［24］LEWELLER T. The anthropology of globalization-cultural anthropology enters the 21st century. London：Bergin & Garvey，2002.

［25］LINTON R. The study of man. New York：D. Appleton Century，1936.

［26］OHMAE K. The borderless world：power and strategy in the interlinked economy. New York：Harper Business，1990

［27］PAPASTERGIADIS N. Hybridity and ambivalence：places and flows in contemporary art and culture. Theory，culture & society，2005，22（4）.

［28］PIETERSE N. Globalization as hybridization. International sociology，1994，9（9）.

［29］PIETERSE N. Hybridity，so what? The anti-hybridity backlash and the riddles of recognition. Theory，culture & society，2001，18（2）.

［30］POSTIGLIONE G. Ethnicity and American social theory：toward critical plu-

ralism. London：University Press of America，Inc. ，1983.

［31］REICH R. The work of nations. New York：Knopf，1991.

［32］RUSHDIE. S. Imaginary homelands. London：Granta，1991.

［33］SCIROTINO G. From homogeneity to difference：multiculturalism as a de-scription and as a field for claim-making，2003，Unpublished manuscript，p. 6//CHAN K B. Inner hybridity in the city：toward a critique of multiculturalism. Global economic review，2003，32（2）.

［34］SPENCER H. Principles of sociology. London：Williams & Norgate，1868.

［35］SAID E. Culture and imperialism. London：Chatto & Windus，1993//BHABHA H. Nation and narration. London：Routledge，1990.

［36］SMITH A D. National identity. London：Penguin，1991.

［37］TAJBAKHSH K. The Promise of the city：space，identity，and politics in contemporary social thought. Berkeley：University of California Press，2001.

［38］TAYLOR E B. Primitive culture. London：John Murray，1871.

［39］The hybridization of roots and the absence of the bush//FEATHERSTONE M，LASH S. Spaces of culture：city，nation，world. London：Sage，1999.

［40］WANG G. Globalization and hybridization in cultural production：a tale of two films//Working paper series 36. Hong Kong：David C. Lam Institute for East-West Studies，Hong Kong Baptist University，2005.

［41］YOUNG R J C. Colonial desire：hybridity in theory，culture and race. London and New York：Routledge，1995.

［42］安作璋，王克奇. 黄河文化与中华文明. 文史哲，1992（4）.

［43］班固. 汉书（点校本）. 北京：中华书局，2007.

［44］陈鼓应. 老子注译及评介. 香港：中华书局，1993.

［45］董群. 融合的佛教：圭峰宗密的佛学思想研究。北京：宗教文化出版社，2002.

［46］葛兆光. 中国思想史：第1卷·七世纪前中国的知识、思想与信仰世界. 上海：复旦大学出版社，2004.

［47］何锡蓉. 佛学与中国哲学的双向构建. 上海：上海社会科学院出版社，2004.

［48］黄新亚. 三秦文化. 沈阳：辽宁教育出版社，1998.

［49］李学勤. 东周与秦代文明. 北京：文物出版社，1984.

［50］阮元. 十三经注疏：左传（影印本）. 北京：中华书局，2003.

［51］汤一介. 在有墙与无墙之间——文化之间需要有墙吗？. 中国文化

（创刊号）·秋之卷，1993.

　　［52］汤一介．非实非虚集．北京：华文出版社，1999.

　　［53］汤一介．寻求"全球伦理"的构想．香港中文大学传统文化与社会变迁国际会议论文，2000.

　　［54］王文锦．礼记译解．北京：中华书局，2007.

　　［55］吴小如．中国文化史纲要．北京：北京大学出版社，2003.

　　［56］吴仲明．"西体中用"评议．文化研究，1998（2）．

　　［57］杨伯峻．论语译注．香港：中华书局，2011.

　　［58］张岱年，方克立．中国文化概论．北京：北京师范大学出版社，2003.

　　［59］张岂之．中国传统文化．北京：高等教育出版社，1994.

# 全球化背景下的文化冲突和整合[①]

世界主义（cosmopolitanism）不是一个新概念，但随着文化碰撞在20世纪末与21世纪初日益频繁，其重要性比以前更显突出。本文试图探讨文化碰撞的五种过程和结果，通过三个中国及海外华人的实例，揭示人类和人类文化之间的异同。为了避免只是抽象地讨论，本文从日常生活入手，因为那些简单实际的个人活动往往反映出群体的认同。

尽管直到20世纪80年代，人们才把世界性的普遍联系和交流与全球化相提并论，但这些现象早已存在。在经济层面上，我们可以追溯到Wallerstein的世界系统理论（Wallerstein，1974）。20世纪60年代起，社会学家就开始检讨伴随着技术革命出现的后工业化现象。所谓全球化，其实是一种时空的压缩。现代信息和交通的高速发展，使各种形式的资本主义蔓延扩张，这个世界因此越来越成为一个整体，全球化正是这种整体意识的加强。对于人类这种多层面"复杂联系"的认识，其核心部分是关于"他者"的意识。这些"他者"，我们称为移民、外劳、侨民、游客甚至流浪者等，总之，是时间上或长或短地停留在我们中间、动机和愿望各异的人。在一些国际大都会，如东京、纽约、伦敦、巴黎，还有香港、上海、北京、广州等，与这些"他者"的相遇已经构成每个人日常生活的一部分，唤起的感觉往往是好奇与敌意并存。过去十多年，关于跨国主义（transnationalism）的研究，表现出一种牵系于"来源地"和"目的地"的双重性感觉，说明一个人其实可以同时身处两个不同的地方——这可视为跨国主义的内涵。

世界大都会里的这种国际化现象，促使我们无可回避地思考一个问题：他们——这些"陌生人"，身在此处，是否与彼处仍有关联、仍有感觉？一个更有意思的问题是，这种深层次的双重性是否有实际效益？这种双重性甚至多重性有积极作用吗？或许这种作用不仅仅体现在经济层面，也可能有利于跨文化、跨民族的沟通。不同文化以至文明的碰撞，体现于社会关系，同时也存在于"移民"的心灵深处（因为很多"移民"事实上已经不由自主地成为文化的混合体，文化冲突因此发生于这些移民的心灵深处）。不妨设想，居于隔壁或楼上楼下的移

---

① 本文初稿由笔者用英文撰写，继由新加坡国立大学中文系钟宏志翻译成中文，笔者最后定稿。

民并不完全是"外国人"，因为对他们而言，移植及改造本位文化已经成为日常生活的迫切需要，他们必须使自己与周围的环境融为一体。讽刺的是，从社会学的角度来看他们的"陌生性"，却使我们察觉到实际上自己与他们别无二致。我们真的是那么完全不同吗？"外国人""陌生人"也许已成为一种烟幕和标签，一种修辞和心灵欺骗，一种面具，一种夸张的表述，这些称呼蒙蔽了我们的眼睛，使我们看不到长期以来彼此间早已存在的文化交融和共通人性。

# 一、文化碰撞[①]

移民对于一个人的身份、种族以及文化认同，究竟有何影响？这应该有很多种可能性。我们不妨把"出境"处的文化称作 A，把"入境"处的文化称作 B，在这里我借用国际机场"出入境"的说法，而不形容为"来源地和目的地"，也许更为恰当，因为"出入境"形象地表达出人们一生中一系列无休止的流动，而这种流动的人生到最后，关于目的地和来源地的界限已经显得模糊，不再那么绝对和清晰。以下概述 A 和 B 两种文化相碰撞时可能产生的五种过程和结果：

1. 强化（Essentializing）：$A \longleftrightarrow B = A/B$

双方的"遭遇"使得 A 和 B 都各自强化、本质化、硬化，以至分别退居各自的"堡垒"中。这种可能性在群体层面上发生时最为真实，因为群体往往制造和夸大彼此的差异，这成为孕育种族偏见和歧视的土壤。

2. 交替（Alternating）：$A \longleftrightarrow B = A + B$

个体通过社交活动，使 B 成为其内在的一部分，与先前已经植根其中的 A 同时并存、互不干扰。个人依据不同的场合或接触的人，时而展现身上的 A，时而展现 B，不停转换身份，实现内在角色的挪移。这一刻戴上一副面具，下一刻又换上另一副面具，好像变脸。我在《身份交替：当代泰国华人》（Tong and Chan, 2001）一书中，对此有所探讨。

3. 改宗（Converting）：$A \longleftrightarrow B = B$

这种可能性也许被人们谈论最多、着墨最多，目前有很多用以表述该可能性的名词，如同化（assimilation）、文化适应（acculturation）、转化（conversion）等。所谓同化，实质上是一种替代，B 取代 A，往往是由于一种文化的消亡或被

---

① 本文对"文化碰撞"的论述融合 Femminella 先前发表的一篇重要文章，见 Femminella（1980）的著作。

否定，而使个人"失根"（Tong and Chan，2001b），也就是埋葬"先前的自己"。但这个过程绝不是必然的。例如，著名美国人类学家 Skinner 曾预言，泰国的第五代华人出于种种原因和意图，已经完全被泰国人同化，但我在《身份交替：当代泰国华人》一书中，批判了泰国华人将会在第四或第五代被完全同化的观点。

4. 混成化（Hybridizing）：A⟷B ＝ AB or Ab or Ba

在这些可能性中，双方的角色差别在有意或无意中被去掉。如果人们可以做到文化上的释放，不那么执着于所谓的"固有文化"，同时也不对"入境地"的文化过于苛刻批判，差别就容易被抹去。这种可能性能够打开很多文化窗口。移民的初期生活游离于周围那一群陌生的邻居之中，但是彼此又互相牵扯，文化冲突也就不可避免。长期在共同的空间生活，双方都必须学会培养共有的邻里感，消弭差别，一起融入日常生活中。

5. 创新（Innovating）：A⟷B ＝ AB or Ab or Ba → C

在这种可能性中，由于不同文化在脑海中纠缠冲撞，个体表现出迷茫不安、痛苦彷徨、矛盾不堪等诸如此类甚至是病理性的症状。但令人欣喜的是，C 是一个全新文化的诞生，而且还是 creativity（创新）和 cosmopolitanism（世界主义）的头一个字母。这一刻，世界大同的星光开始闪耀。

在文化碰撞的第一阶段，B 为捍卫自己的领土或资源，必然对 A 有强烈的敌意，将之视为陌生的"侵略者"。这是"边境危机"的第一步，将不同于自己的人视为陌生人，并保持距离，人类本性即是如此。在文化碰撞的第二阶段，是 A 的进入导致与 B 的冲突，伴随着 B 对 A 的征服以及随之而来 A 的反抗。在这一阶段中，冲突与矛盾产生，A、B 双方的纷争只有发展到第三阶段，才能由一种力量获得解决，这种力量即 Femminella 所谓的来自"碰撞—整合"（impact-integration）或"滋生文化"（emergent culture）的力量。

与此同时，由于 A 不愿意完全被 B 同化，种族团体自觉自发以隔离的姿态持守其固有文化。这是因为人们有一系列的双重需要，那就是既融入对方又保留自我；珍视个性，但同时也崇尚与他者的融合。文化和社群的进化发展，正是来自正反力量矛盾冲突的辩证作用。当这种因冲突而形成的张力被整合成一种新的形式时，一个新的族群也就此诞生。

人类热爱土地，但也经常迁徙流浪，为寻找新社会、新生活而流浪，所以在人类历史上到处都有大规模的移民。人类充满紧张不安，通过自身所有的调整功能来减轻焦虑和不安，这种功能持续不断地创造新的社会形式，而这种循环一次又一次重现在每个个体、每个社会上。

Femminella 的著作体现出一种独特的思维方式和逻辑，那就是他特别关注不

同事物的混合，关注不同个体、群体和文化的直面相遇，这一过程可以相当残酷和暴力，因为冲突无法避免，这在理论上对美国社会学家 Park 的种族关系循环论是一个反击（Park，1937：7－18，1996：167－177，1921）。正如 Femminella 所坚称的："在美国文化系统中不同价值观共存的现象，可以被解释成为人类进化过程中不同族群相处的本性所致，这个过程本身就包含合作、竞争、冲突以及同化等。"

碰撞融合的第三阶段与 Park 的同化理念相似，都旨在表现一个社会进程，即不同种族和文化的人如何落入一个"共同生活圈"里。对 Femminella 来说，"是抹去外在的差异，发展出表面的相同，尤其是在行为态度和方式上，但也包括在语言上，让新来者加入新的生活。这是一个实际的操作功能，其作用是使个体在观念、情感和信仰上能最终实现一致。"

在理论和经验上，我们可以揭示工业化、现代化和移民三者之间的矛盾，其纠缠不断改变着社会、城市、移民以及非移民本身。研究这些矛盾如何获得解决，其实也就是在研究普遍的人性。所以当我们从世界主义的视角看这些问题时，不禁要问，早期欧美学术界的理论适用于其他文化形态（比如中国及海外华人小区）吗？

# 二、中国文化辩证论

北京大学汤一介教授写过数篇极具启发性的文章（1999：249－255，191－198，226－241），在论述文化碰撞这个课题时，他从《论语》中撷取了"和而不同"这个原则。当两种文化，如 A 和 B 相遇时，首先要承认两者的"不同"，只有在这个基础上，才能有交融，才能使事物得以发展。并且，A 与 B 之间的交往和对话必须是辩证的，即相互的、双向的，A 在与 B 交往的过程中，改变了自身，同时也改变了 B。孔子所说的"和"，并不是说 B 彻头彻尾被 A 同化，或者反过来，A 完全被 B 同化，而是 A 和 B 在冲突中达到一个交汇点，并且双方都在此基础上各自获得发展。

在两种不同文化 A 和 B 相互交往的过程中，汤一介认为至少会有四种可能性发生（上一篇文章亦有提及，此处简单说明）：

第一种情况，A 和 B 在互相"对话"中，会发现大家并非完全不同，原来也有共同之处。如基督教有"博爱"，佛教有"慈悲"，儒家有"泛爱众"，墨家有"兼爱"，从抽象的意义上来讲都是"爱"，"爱"成为不同文化的共同背景和理想，但同样重要的是，它们仍保留各自不同的观点。第二种情况，A 与 B 交

往，发现 A 不具有 B 的某些观念，但 B 的这些观念与 A 兼容，于是 A 接受这些新观念，并且对自身的内容加以丰富。汤一介举例说明，在中国文化里原来并没有明确的"顿悟"概念，这个概念源自佛教，但到宋明时代，程朱理学和陆王心学都在某种程度上接受了这个概念。第三种情况，A 在和 B 的交往中，发现 B 的某些有意义的观念与 A 的某些观念不相容，为接受这些新的观念，A 不得不放弃旧观念。这个过程类似于文化碰撞中的取代现象。此处汤一介举例，当西方的"民主"思想传入中国之后，中国人不得不放弃传统的"三纲"旧观念。第四种情况，A 和 B 在交往和商谈中，发现了双方都未曾有但十分有意义的新观念，如"和平共处""文化多元共处"等。

当外来的新观念从 A 传入 B 时，要么为 B 增添新的内容，要么为适应 B 的要求而改头换面以一种新的方式呈现。这些新观念从 A 传入 B，也许还有助于 A 清楚认识自身的某些方面，这些方面由于被完全"释放"而凸显出来。这种"释放"，就好像我们在听到某些谈论时，突然有灵光一现的感觉，突然明白以前从未明白的东西。按照"和而不同"的原则，这是文化交往发展的另一种形式。汤一介在文中论述到，在"不同"基础上形成的"和"，才能使事物得到发展，如果一味追求"同"，只能使事物衰败。这里涉及的问题是，不同的事物相遇，一方会顺从另一方或延迟（postpone）到一个适当的时间，以便双方交流并且都能有所收益，也就是 Hall 所说的"延迟"（defer），一言以蔽之，是"等待"。

## （一）"碰撞—整合"论述之一：佛教传入中国

汤一介（1999：235）在文中论述，西汉末至东晋，印度佛教最初传入中国，是依附于汉代的"方术"，也就是利用中国原本就有的观念和信仰系统，作为输入的载体和手段。到魏晋，佛教又依附于魏晋玄学，那时佛教所讲的内容大体上是"神不灭""精神不灭"等，当时在中国能找到与其类似的思想如"有鬼论"和"神不灭"，佛教所宣扬的"因果报应"同样也与中国原有的"福善祸淫"相贯通。当然，在概念和认知层次上，阐释必然要有所变通和调节，虽然有时候也因此令我们误解了佛教的本义。

任何文化都有其保守的一面，对外来文化有某种抗拒性，外来文化要尽力自我保护，所以往往依附于本土文化进行传播，以避免不同文化碰撞之初所产生的激烈冲突，其最终目的是使文化顺利传播，并达致双方的融合。印度佛教在东晋后在中国广泛传播，引起了中国传统文化与外来文化的矛盾和冲突，最终直接导致了中国文化在整体上的改变。矛盾冲突最有代表性的问题有：中国文化讲"此岸"，而印度文化讲"彼岸"，另外还有"忠君""孝父母"等（详细内容已在前文中举例说明）。历史上，北魏太武帝和北周武帝都曾灭佛，但没有成功，结果两种文化的矛盾冲突最终在深层的意义上改变了彼此。

到隋唐时期，印度佛教逐渐被中国文化吸收，到宋朝以后，佛教成为中国文化的一部分，形成宋明理学，即新儒家学说。隋唐可以说是佛教在中国的鼎盛时期，在中国出现若干极有影响的宗派，并传播到韩国和日本。佛教在中国由"出世"，越来越走向"入世"。唐朝时著名的诗人如王维、白居易、柳宗元以及宋朝的苏轼都是佛教徒。"入世"的思想还可见于宋明新儒学中。一个人在日常生活中就可以成佛，"挑水砍柴，无非妙道"。无须拜佛，也无须读经，只要潜心修行，自然能成佛，所谓"一念觉，即佛"或"放下屠刀，立地成佛"。一个小和尚吃完饭后问大师父："下面我该做什么呢？"他想应该是读经或者是做功课，谁知大师父回答："你不知道吃完饭后做什么？去洗碗。"通过"忠君""孝父母"，人也能实现自我的修炼和完善。可见，印度佛教已经融入中国文化之核心，改变了自身也改变了中国文化。在这个过程中，我们可以用汤一介所说的"双向选择"原则，来理解文化碰撞中的变革。

佛教从传入中国到最终融于中国文化，差不多历时千年。在这个过程中，可以清楚地分为三个阶段：首先依附于中国传统文化，然后与中国文化发生矛盾和冲突，最后融合于中国文化之中。印度佛教原貌大大地改变了，而中国传统文化也因此得以改变和更新。

## （二）"碰撞—整合"论述之二：中国移民史

在一篇试图重新审视和阐述中国历史的论文里，作者安作璋和王克奇（1992）有别于其他中国历史学者，以比较少见的视角，关注中国历史上有代表性的文化冲突事件和中国文化体系的"多元性"特征。两汉时期，黄河文化受到来自北方匈奴文化和西方羌族文化的冲击。汉王朝的农业文明接受外来的游牧文化，促进了畜牧业的发展。虽然有长城阻隔，但长城只是军事屏障，不可能阻碍文化的交流。

中国内部长期大规模的移民对中国文化发展有怎样的影响？这是理解中国历史的一个重要课题。社会学家必须将移民与文化发展相联系，更重要的是，要以长远的历史眼光来看待问题。安作璋和王克奇在他们的论文中提到，汉魏以来，黄河流域西境和北境的各族不断内迁，逐渐形成了各民族与汉族杂居的局面。西晋末年，政治腐败，社会矛盾尖锐，黄河流域形成"五胡十六国"。两位作者认为，这一时期外在表现为民族大混战，内里却是多元文化的较量。古代史学家所谓的"五胡乱华"，实际上是"胡"文化与"华"文化的冲突和整合。汉文化吸

收"胡"文化中有益的成分，如尚武习俗、勇于进取的开拓精神、部落间平等互助的人际关系以及豪爽质朴的民风等，同时"胡"文化的冲击也削弱了汉文化中的一些腐朽成分，如陈腐的门阀等级观念以及歧视少数民族的偏见等。中国著名的历史学家陈寅恪曾对此评价说："盖取塞外野蛮精悍之血，注入中原文化颓废之躯，旧染既除，新机重启，扩大恢张，遂能别创空前之世局。"陈寅恪（整理本，1996）将唐代灿烂的文化归功于这次文化的交融和汉文化"换血"。

从先秦和秦汉开始，大量内部移民从西境和北境向黄河流域迁移，这种现象一直持续到宋、元、明、清，蒙古族和羌族的部落内迁，与汉族人比邻而居。另外，东晋时期，江南著名大族如王、谢、萧、陈等都从黄河流域举家南迁而来。由于战乱饥荒，成千上万的难民南下，这些移民带来大量的劳动力以及先进的生产技术，促进了江南的开发。北宋靖康之变后，黄河流域的大批人口又一次南渡，如当时山东籍的著名词人李清照、辛弃疾等都是在这一时期南下的。继之而起的是长达五百余年的政治统一，人口的流动使黄河流域和长江流域紧密结合。安作璋和王克奇认为，所有这些大规模的移民，直接导致民族与文化的混合、杂处、竞争和冲突，这一切最终促使大融合及一体化的出现。只有以这种眼光来看待中国历史，才能深入其灵魂和本质，才能明白中国文化独有的思维方式。

草原、黄河和长江文化这三大主要的文化系统，经过数千年的相互影响和相互渗透，最终形成"你中有我，我中有你"的局面。在不断回忆和遗忘（remembering and forgetting）、选择和丢弃的长期历史过程中，文化得以慢慢转型，并有所改变、更新。

### （三）"碰撞—整合"论述之三：泰国华人礼仪

第三个论述，可以让我们实地考察不同文化的碰撞过程，这就是泰国社会中泰国人和华人的相处。此处将考察泰国华人的两大重要礼仪：婚礼和葬礼。

在我与唐志强合编的《身份交替：当代泰国华人》一书中，Bao（2001：271–298）的论文就提出，泰国华人的婚礼中，看似互不相关的泰国佛教、中国儒家以及西方习俗三者互相折中并列。对泰国华人的中上阶层而言，婚礼是人一生中最重要的时刻，因为在婚礼上常常包括家族生意的承传交接。泰国华人在婚礼上敬茶（儒家的礼仪）为泰国人所理解，因为这能区分泰国人和泰国华人的不同。当一个泰国华人从泰国佛教的礼仪转入敬茶仪式时，两个"看似互不相关的礼仪"实际上整合成了一个更大的分层结构，在此结构中，泰国男性主导规范，实际上是对中国移植过来的父权家族系统的一个补充。如同Bao在文中所说的，一个泰国华人，是中国"嫁出去的女儿"，中国是她的娘家，她是泰国的

"媳妇"，泰国是她的夫家。借着改造中国儒家传统和泰国佛教，泰国华人重建他们的形象，并且"试着根据他们对自身和外在世界的理解去培养新的一代"。泰国华人因此既不很中国化，也不很泰国化，而且随着泰国教育水平的提高和先进科技的发展，所谓的"新现代性"也影响着他们的身份认同。

在一篇论述泰国华人宗教折中问题的文章中，Hill（2001：299 - 317）强调这种整合特质和趋势来自中国民间宗教传统。她提到 Welch（1967）这位中国佛教研究者的观点，认为中国的佛教宗派与民间宗教中最具代表性的儒家和道家学说有着"紧密关联"，Hill 同时也引述 Thompson（1993）的论点，后者认为中国民间宗教系统有吸收不同来源神祇的倾向，这些神祇包括历史上的圣贤、人格化的自然现象以及佛道故事中的人物形象。

基于她在泰国清迈所作的田野调查，Hill 发现泰国北部的华人葬礼结合了佛教的仪式和当地的风俗，融入了泰国当地的色彩和传统。更重要的是，她还观察到华人宗教在吸纳泰国人仪式时，思想意识上缺乏相应的一致性。

# 三、出路

我们能否用现代哲学和社会科学的话语来解释以上所提及的传统呢？我们的出发点在于如何将文化震荡从思想意识层面转移到情感世界。"同情"指的是"感受到其他人或动物的痛苦、不幸并且为之难过而情绪低落"，"他人的痛苦就是他的痛苦"（Wispe，1968），同情是对痛苦的理解。同情是经历一种真正的苦痛，在社会学家 Cooley（1902/1956）看来，这一点意指一种交流，包含"共有任何可以交流的精神状态""是对于他人设身处地的体验"。在 Cooley 看来，社会存在于人们脑海中，"同情"或者如 Cooley 所说的"理解之同情"，都意味着进入他人的情感世界，进入他人的社会。而要做到这一切，爱是一种动力。

与"同情"相对立的概念就是心理学家 William James（1899）所说的"人类的盲点"，"是我们在感受他人或物时存有盲目之处"。别人和我们一样，过度关注属于自己的"重大秘密"（vital secrets）而无暇顾及他人。这种盲目是我们自己建起的墙，用这堵墙隔开两个房间，以确保彼此看不透对方的内心世界，因此对方的苦痛情感完全在我们的理解之外。

那么，出路是什么？人类如何使"盲点不盲"？我们每个人都生活在两个世界：家庭的小世界和社会的大世界——在家庭的小世界里，是亲情、个性至上的；在社会的大世界里，却处处充满竞争甚至冲突。在现代生活条件下，有一部分人渴望逃离温暖、安全、封闭的小世界而进入更具活力的大世界，也因此，我

们会遇到陌生人，痛苦地感受到人与人之间的距离，这种距离使得生存更为不易。在大世界里，人们的关系与其说是社会的，不如说是共生的，相互牵扯，同时也相互妥协。讽刺的是，在参与大世界的过程中，与他人的利益冲突又高扬和强化了各自的自我意识。这一点不乏积极的意义，自我意识锐利起来，有助于进一步加强对自己和他人的认识和了解。人类最深层的矛盾就在于此，往往需要在经历激烈冲突之后，才能获得自身和他人的相互理解；往往要通过对他人有意识的省察和想象，在他人身上发现自己之后，自我发现才更具真实性。

在全球化的席卷下，我们有机会和不同人相遇交往，在不断的竞争冲突中重新发掘共有的人性。一个人选择生活在社会大世界里，就需每日省察自己。自己的愤怒、羞耻感从何而来？一旦发现原来是源于他人时，就会意识到自己也可能是致使他人痛苦的根源。

中国古代哲学用"太和"一词清晰地表达出理想宇宙秩序的构成。"太和"被认为有四个渐进的步骤：第一步是修身养性，获得自身平和；第二步是实现与他人的和谐；第三步是实现人与自然的和谐；最后是实现整个自然宇宙的大和谐。这种对宇宙大和谐的认识观点强调自我修养的重要性，这是整个过程的起点，需要苦修方能达到。

因此，儒家认为，一个人在和他人交往时，首先要清楚认识他人与自己的不同，并且尊重这种不同，不要迫使任何一方勉强认同。回顾中国古代哲人的思想，自我认识的一个必要过程是尊重事实，"龟无毛，兔无角"，相对于有毛有角的动物来说，它们天生是不同的。这种把自身和他人、他物的并列对比，有助于增进对自身的认识，达致内心的平和，也是反抗以暴力强权迫使"同一"（same）的道德力量。"和"可作动词"调和"解，指调和不同的人或事，使之达致和谐相处的状态，但此处"和"并不意味着"同"，"和"并没有消灭不同，相反，是以承认"不同"为前提，在"不同"基础上的"整合"有助于事物的新生和发展。"和则生物，同则不继"（《国语·郑语》）、"万物太和"强调的是自然和谐，平等相处，没有丝毫勉强和伤害。世界本身是个多样性的整体，金、木、水、火、土，五行相生相克，生成万事万物。

自我修养的一个目的，就是获得对不同事物"了解"和"同情"的能力。中国现代哲学家非常清楚这一点，所以他们要求学生去读古书。读古代哲人的思想，必须要有艺术家的触觉，真正的了解，需放飞思想，想象自己和作者处在同样的境地，这样读者才能移情于作者，想象和体验作者所感受的一切。或者，如同陈寅恪（整理本，1996）所说，"了解之同情"。这种"了解之同情"依靠想象的力量，穿越时空障碍，消弭异见和误解。当我们在理解古代思想、努力了解其他种族、人群、性别的思想时，同样也需要这种想象。

# 四、结论

社会科学家正在寻找一种语汇来构想世界主义。我们目前关于世界大同的社会想象实在是过于单薄和随意，令人感到悲观，但是这种探索必须进行下去，方能达到康德（Kant）所说的"永久和平"（perpetual peace）。

世界主义这一态度或情操并非与生俱来，而是需要与自身惯有的"盲点"相较量，并且最终战胜这种"盲点"才可以获得。这是一个终身的过程，并不容易做到，所以，Seneca 每晚问自己：为什么我总是要为一些鸡毛蒜皮的小事动怒？儒家学者则要求"吾日三省吾身"，孔子说"己所不欲，勿施于人"。是否设身处地为别人着想？如果不通过自身修养和持之以恒的社会道德教育，"同情"或"移情"的力量从何而来？这些坚忍的哲学家、儒生、社会学家，还有当代的哲学家、心理学家、艺术家、人类学家和诗人，无论是来自东方还是西方，都提出同样的问题并且有同样的主张：我们必须学会以一种"语言"来教育自己，虽然这种语言至今尚未找到，但必须探索下去直至找到为止。我们必须思考、设计和摆正全球化课程的位置，这样才能给下一代正确的信息。

本文试图在哲学和社会科学理论层面及三种"碰撞—整合"的实例论述来探讨文化碰撞的过程及所产生的五种不同结果，此论述有助于中国社会学家思考目前国内若干族群关系及少数民族问题，更有助于思考全球各类文化系统碰撞这一大课题。我坚信，种族与文化及文明之间的纠纷（所谓 clashes of civilizations）和暴力，甚至战争绝非必然。历史长河里，古今中外，文化的混成化（hybridization）甚至创新（innovation）的实例层出不穷，这也是文化变迁的主要趋势。这一观点及论述其实可以追溯到中国古代哲人的思想，温故知新则有助于我们透视全球化背景下文化的同与异，也有助于我们向世界和平这一最终目标迈近一步。

父母和子女、成人和孩童、男人和女人、外国人和本地人、华人和非华人、白人和黑人、东方和西方、A 和 B，必须走在一起，通过互动和对话来寻求理解，这是当务之急。中国古代的哲人劝诫我们要"知行合一"。诗人 Meena Alexander（1996）所描绘的景象，"如佛祖所教导，在这个动荡的世界上，我们处处为家"，难道是永远实现不了的空想？

**参考文献**

[1] ALEXANDER M. Moving world//River and bridge. Toronto：Toronto Review Press，1996.

［2］ BAO J M. Sino-Thai ethnic identity: married daughters of China and daugh-ters-in-law of Thailand//TONG C K & CHAN K B. Alternate identities: the Chinese of contemporary Thailand. Singapore: Times Academic Press; Leiden: Brill Academic Publishers, 2001.

［3］ COOLEY C H. Human nature and the social order// COOLEY C H. Two ma-jor works: social organization and human nature and the social order, revised edition. Glencoe: Free Press, 1902/1956.

［4］ FEMMINELLA F X. Societal ramifications of ethnicity in the suburb//GUMI-NA S L. Ethnicity and suburbia: the Long Island experience. New York: Nassau Com-munity College, 1980.

［5］ HILL A M. Tradition, identity and religious eclecticism among Chinese in Thailand//TONG C K & CHAN K B. Alternate identities: the Chinese of contemporary Thailand. Singapore: Times Academic Press; Leiden: Brill Academic Publishers, 2001.

［6］ JAMES W. On a certain blindness in human beings. Philadelphia: R. West, 1977 (First published in 1899).

［7］ PARK R E & BURGESS E W. Introduction to the science of sociology, 3rd edition, revised with an introduction by JANOWITZ M. Chicago: University of Chicago Press, 1921.

［8］ PARK R E. Introduction// STONEQUIST E V. The marginal man: a study in personality and culture conflict. New York: Charles Scribner's Sons, 1937.

［9］ PARK R E. Reflections on communication and culture// BERELSON B & JANOWITZ M. Reader in public opinion and communication. New York: Free Press, 1996.

［10］ THOMPSON L G. Chinese religion: an introduction. Belmont: Wadsworth, 1993.

［11］ TONG C K & CHAN K B. Alternate identities: the Chinese of contemporary Thailand. Singapore: Times Academic Press; Leiden: Brill Academic Publishers, 2001a.

［12］ TONG C K & CHAN K B. One face, many masks: the singularity and plu-rality of Chinese identity. Diaspora, 2001b, 10 (3).

［13］ WALLERSTEIN I. The modern world system (Vol. 1). New York: Aca-demic Press, 1974.

［14］ WELCH H. The practice of Chinese buddhism, 1900 – 1950. Cambridge: Harvard University Press, 1967.

［15］WISPE L G. Sympathy and empathy//SILLS D. International encyclopedia of the social sciences. New York：Macmillan，1968.

［16］安作璋，王克奇．黄河文化与中华文明．文史哲，1992（4）.

［17］刘桂生，张步洲．二十世纪中国学术文化随笔大系：陈寅恪学术文化随笔．北京：中国青年出版社，1996.

［18］汤一介．非实非虚集．北京：华文出版社，1999.

# 城市中的内在混成性：对多元文化主义的批评

如同其他国家，加拿大的多元文化主义（multiculturalism）倡导在公共空间维护文化统一，但在私人空间宽容多种文化。相对于同化（要求在公共和私人空间都必须一致）而言，这种在亲密空间中对异质文化的宽容，常被确认为加拿大社会的典型特征。然而，多元文化主义作为一种观念含糊不清，作为一项公共政策则存在缺陷。我将在本文讨论多元文化主义以及它对加拿大华人移民的影响。

划分公共领域/私人领域的主张违背了华人移民后代力求适应当地社会并以此改变自己、家庭、小区及其赖以生存的社会的愿望。多元文化主义只顾拘泥于过去的政策，而无视存在于华人家庭内部的代际及性别间的权力政治。虽然华人移民把加拿大视为避难所或自己的暂时栖身之地，但他们的孩子却把加拿大看成自己的新家。此外，与丈夫或父亲相比，华人妇女更乐于尝试更大范围的"身份选择权"（Rex and Josephides，1987）。因此，华人妇女及儿童也许要迫使家庭及族群小区逐渐开放，从而拆穿公共领域/私人领域空间划分的神话。

多元文化主义对文化的继承和历史的维护，不符合关于自我（self）、认同（identity）与文化（culture）的社会学理论。该理论指出人类具有二元对立的心理特点，即一个人既面向过去，也面向将来；既致力于保存过去的根，也致力于开创通向未来的路；既希望成为公众文化的一部分，也希望保持个人的独特性；既盼望有归属感，也力求自治。这样，加拿大的多元文化政策陷入实证和理论的双重困境。可行的解决方法是追随黑格尔式的辩证法，视一种文化为多种不同文化互相碰撞、不同事物相互缠结的结果。我们需要一种全新的城市社会理论，从中可以看到整合（integration）、融合（fusion）和混成（hybridization），而不是同化（assimilation）或文化多元主义（cultural pluralism）。这是一种对整个社会的全新视野，是一种正面而积极的乌托邦思想。我们需要一种公共政策，这种政策承诺在设计公共制度和公共空间时，有利于培养人们内在的混成性（inner hybridity）。如是者，他们即使在面对现代生活中经常发生的各种矛盾、讽刺和吊诡时也毫不害怕。

# 一、多元文化主义的历史

在加拿大，多元文化论（multiculturalism）是对同化论的回应。20世纪50、60年代，同化论曾在美国知识精英和政治精英的论述中占据核心位置，并可以追溯到 Park（1950）以及 Gordon（1964）的著作（Park 的观点经常被人们错误引用、理解）。在美国，同化论强调遵守盎格鲁（Anglo）传统或美国化。社会学家借用犹太移民 Israel Zangwill（1909）的一出戏剧剧名，设想出"熔炉"（melt-ing-pot）这一生动的形象。在熔炉中，各种类型的文化和信仰都将熔化，最后凝结出一种新的、前所未有的文化。熔炉论提供的图景为饱受种族、族裔冲突之苦的社会带来团结的希望。同化论者所设想的移民社会，可以在康奈尔大学的人类学家 William Skinner（1957a；1957b；1963；1973）的著作中找到，Skinner 认为无论泰国的华人移民意愿、目的如何，至第四代或第五代时都将变为泰国人（Tong and Chan，2001）。同化论（要求移民遵守盎格鲁传统）极有可能导致文化霸权（即一个族群或种族的文化凌驾于其他群体文化之上）和文化普遍主义，因此在加拿大遭到相当强烈的反对和抵制。加拿大社会学家 John Porter（1965）提出"垂直镶嵌画"（vertical mosaic）概念，来取代熔炉这个比喻。垂直镶嵌画的含义是，在加拿大人及其社会所标榜的包容（tolerance）环境下，不同的群体比邻而共存（不管其位置在上或在下）。

多元文化论复兴了以前政治理论家有关多元社会中多元论（pluralism）的论述（Li，1999）。与单一论不同，多元论允许甚至提倡每一种事物都拥有自己的价值，因此都有存在和发展的权利。各种族裔、种族或宗教背景的个人、群体以及小区，可以在私人领域中保持各自的文化生活，但在公共制度上则要保持文化一致性。然而，多元文化论不仅将多元论引入私人领域，更将其限制于此，使其仅属于个人层次的追求。

# 二、公共领域/私人领域划分的神话

对公共领域和私人领域的刻意划分，是社会学家和人类学家建构的多元文化社会理论的核心。多元文化社会与多元社会有所不同。在公共领域，存在一个单一的或统一的文化，这一文化以个人在法律、政治、经济和教育等方面的平等为基础，将公民文化、公共文化世代相传。私人领域与公共领域相反，私人领域盛

行民间文化和小区生活，多样性受到保护，道德教育、基本社会化以及宗教信仰的灌输也在这一领域进行。私人领域由会馆、社团以及可以延伸至祖籍地或"家乡"的家庭和亲属网络组成。私人领域是道德小区、精神支柱以及个人认同和族裔认同之源。在家和小区中，人们可以远离社会的喧嚣，轻松享受生活，做真正的自己。在 Talcott Parsons（1956；1975）看来，在公共领域中，个人必须遵守抽象的道德原则和社会功能，这对个人形成了压力。个人必须有一个能提供隐退、躲避或"模式维持和紧张处理"的地方，因而家庭生活提供的"心理金矿"（psychological gold），使必须在竞争激烈的社会中打拼的成人稳定下来。成人生活能否继续下去，取决于人们能否在亲密的私人关系和生活中寻找到慰藉与补偿，从而找到一个"残酷世界中的避难所"（refuge in a heartless world）。因此，公共领域和私人领域相辅相成、密不可分。对公/私领域的划分已不仅仅是学术问题。许多现代男女试图过一种看似真实的生活：在工作场合，他们表现得好像毫不关心家庭生活，回到家后，他们又假装不关心工作，他们将公/私领域截然分开，而没有意识到二者其实相互渗透。社会理论和日常生活可能串通一气，对何谓"真实"加以界定和巩固。

但是，家庭并非完全的私人领域。个人经常处于家庭和社会之间：在个人内化社会价值观以融入社会的同时，也将社会的价值观传递给他们的家庭。如此一来，社会的价值观便代代相传，社会因而得以延续。在此过程中，所谓"外界"的社会同样参与其中，私人领域明显包含了公共领域。

公/私领域划分源于社会学理论，讽刺的是这种划分与 Malinowski、Brown、Parsons 论著中关于社会学和人类学的主流思想相违背（Rex, 1985：5）。儿童的社会化把个人与社会、私与公、属于家庭和小区（community）的内部东西和属于社会（society）的外在东西联系起来。社会学中的功能主义（functionalism）认为，在更大的社会系统中，所有个别系统都互相联系。某天，某人从无数的私域和公域中走过，带着一连串经历，每一个经历都牵连着、感动着甚至感染着下一个经历。人们对生活中公/私域分类的认知迫使两者分离，并把秩序强加于日常生活，否则生活将变得混乱和不稳定。可见，公共领域、私人领域的划分是依据"意志"（will）而非"经历"（experience）（Sennett, 1970）。英国精神病学家 Laing（1967）创造了一个短语——"经历的政治"（the politics of experience）来描述这种情况，即思想对经历施虐。Laing 提醒我们，社会和文化把这个世界劈成里与外、好与坏、朋友和敌人、称心如意和令人生厌等碎块——这是一种自心灵爆发、试图把真实世界分割成不可协调的两半的精神分裂症。

# 三、华人移民家庭的代际政治和性别政治

在移民家庭中，儿童使他们的父母经历再一次的社会化，从而学习和接受移居地的社会价值观。儿童扮演着文化经纪人（cultural broker）的角色，他们穿梭在公共、私人领域之间，把社会的价值观带进家庭，又把家庭的价值观融入社会。家庭社会学中的生命周期或发展理论，把儿童（尤其是家中最年长的儿童）视为引领家庭往下一阶段发展的前驱者（frontier pioneer）。家中第一个出生的孩子是家庭变化的行动者（agent of change），他们为家庭指派新的、具有挑战性的发展任务，把家庭引向未知和不熟悉的边缘——"社会第一线"。对移民家庭来说，"社会第一线"是外在于家庭、家族和小区的，是所谓的公共场所，在那里，陌生人（strangers）相遇并重塑对方或自我。

华人移民家庭内部某些最激烈的战斗发生在两代人之间或者传统与变革之间。迁移预示一个以代际为划分线的"经验裂口"（experiential spasm）的来临（Bennis and Slater，1968：41；Chan and Dorais，1998）。年青一代的华人在家庭以及种族小区内深感压抑，家庭变成 Goffman 所说的全控机构（total institution）或 Laing 所形容的监狱。

由于许多男性华人移民在加拿大无法找到能与过去相提并论的工作，华人妇女也要投身加拿大的劳动大军，迁移把女性从家务和照看小孩的旧生活圈中释放出来。随着男性家庭地位的下降，女性的家庭地位相对上升，有时候，我们把这种家庭成员地位的相对转换看作戏剧性的角色转换，这种转变使传统儒家观念对两性劳动力之间的划分失去全权控制的力量，让两性的分工处于不稳定的状态，但这种状态反过来又为家庭的改变和成长搭起了阶梯。

然而，吊诡的是，事情的改变对个人有好处时并非一定对家庭也有好处，反之亦然。移民引发了女性与儿童对现代性和民主的要求。当年轻人和妇女致力于融入加拿大社会时，会首先向前看，以未来为导向；而家庭作为意识形态，作为一个维护传统和文化继承的抽象实体，通常是往回看。所以华人移民家庭内部是女性和年轻人的伤心地，是代际和性别政治的战场。女性和儿童不赞同多元文化主义，首先是因为这维护了公共领域/私人领域的划分，使家庭定位为私人领域，脱离了社会，避开了公共对家庭政治的关注；其次是因为文化的传承被等同于多元文化精神，多元文化主义永远奉行保守主义而非修正主义，支持霸权主义而不是民主主义。

在一个比较民主的家庭中，父母与孩子、丈夫与妻子之间的距离比以前更接

近，父母亲（尤其是丈夫）的威信是温和的，往往不会将妻子和孩子们视为私有财产。当然，民主化不是直线式和单一方向的，也并非没有压力。认同的建构也有其矛盾的瞬间，既"瞻前"，又"顾后"。

# 四、对多元文化主义的批评

多元文化主义称述的目标遮掩了其执行实况，这种情况并非只发生在加拿大。1991 年，J. Rath 批评荷兰的多元文化政策把个人"边缘化"（minorizing），以移民的差异为他们贴标签，使之遭受不公平的待遇。在《从同质到差异》一文中，Sciortino（2001）写到，社会的聚光灯已经照射在我们所谓的"差别政治、小区政治、认知政治、文化战争、身份政治"上面。他质疑关于西方移民社会文化和族群异质性显著增长的流行观点，并指出该观点的实证证据很不充分。他指出，多数全国性的调查和比较研究仅仅显示出普通价值体系方面（例如关于民主、机会平等、社会流动、人权、以爱情为基础的婚姻、宗教多元主义、为成长中的孩子提供独立房间等）在不同族群存在某些差异，但并没有证据显示族群之间有越来越多根本性的分歧或相互排斥的生活方式。他继而指出，"积极抵制同化"的描述与移民的实际生活方式相去甚远。美国的数据显示，"移民小区的空间不断扩展，移民后代不懂母语，跨族群婚姻越来越多"（Sciortino，2001）。在他看来，族群团体在移民之后仍能保持完整的假定，主要是基于新来者使族群移民文化保持活力这个事实。在欧洲，主流社会精英和公众看来比移民本身更热衷于针对移民差异或认同进行争论（Sciortino，2001）。

Rex 指出，许多来自移民群体的年轻人正在"形成连接移民小区和本土社会的链条"。他更指出，或许移民小区的某些成员希望脱离他们的传统文化，既与本土组织也与族群组织相处，这不仅仅是"活在两种文化之间"的案例。一些人选择"同时归属于不同的社会团体和不同的文化体系，他们已经对多重身份习以为常……这是社会生活与政治生活中一个正常的部分"（1995：32 – 33）。Rex（2003）其后的文章也指出，瑞典政府被控选择传统的领导人（通常是老年人）来代表移民小区，却忽视了他们的年轻成员。身为瑞典政府的批评者，Schierup 和 Alund（1990）指出，这些年轻人往往组成跨种族联盟，并联络持不同政见的瑞典本地年轻人，创造新的融合（syncretic）文化。Rex 列举出这种新的、共享文化的例子：烹饪、文学、音乐和其他创作艺术。移民家庭的后代可能会逐渐偏离他们的小区，并在不同程度上被本土社会同化，这意味着整合移民的问题更为迫切，而且更"容易"解决，多元文化主义者必须承认这点。

在另一项关于多元文化主义的批评中，Yunas Samad（2002）考察英国穆斯林小区的性别和代际政治情况，指出多元文化主义忽视存在于移民小区内部的深层分化以及揪心的苦难。在这个案例中，年轻妇女在自己的小区内被欺侮，在本土社会中也没有受到保护。虽然穆斯林小区内较年长的男女一致否认在家庭和婚姻中使用暴力，然而年长的妇女常常迫使女儿接受父母安排的婚姻，而男性老人则拒绝讨论小区的内部政治。由于接受英国教育，无权的年青一代已经对长辈抱有深深的不信任感。牛津和布雷福德的穆斯林小区中的不同性别、不同代际的群体已就传统与变迁、过去与未来的看法出现歧见，并因此而分裂。然而对外人而言，这些小区表面看来仍然平静而安宁。

Bissoondath（1994：111）批评"对加拿大多元文化主义的崇拜"，强调"下一代与他们自身的种族文化之间有不可否认的距离，他们蔑视种族约束的所有可能性……与拥有不同背景、能够分享自己经历的人交朋友，与其中一部分人通婚，有大部分人（即使不是全部）会融入主流社会，这种趋势已不可逆转"。

年轻人将联合起来，因为"这是生活的唯一途径，是充分利用新的可能性的唯一方式"（Bissoondath，1994：111）。迁移不是为了保留一贯以来（given）的东西，而是为了掌握更多的可能性（possibilities）；不是为了保持传统，而是为了寻找更新。迁移使移民的文化取向逐渐脱离种族小区，转而面向新的世界。可惜的是，多元文化主义却将他们推回原地，移民们向前迈一步，多元文化主义却迫使他们往后退两步。

# 五、多元文化主义是一种种族牵制

在维护种族文化传承的伪装下，主流社会精英发现，与移民小区的保守派权威人士合作，在政治上对他们有利。这些保守人士倾向于维护其来源地文化，而不接纳迁入地的文化。在大多数海外华人小区中，那些拥有权力的人都是掌控族群生意的年长商人，他们往往未能进入当地社会的政治圈中，因而以唐人街获得的相应权力作为补偿。由于在主流社会中普遍不能担当政治角色，华人小区的经济精英甚至知识精英们更懂得保护自己的商业利益，毫不犹豫地维护族群文化，强化族群记忆，巩固族群聚居地的保留权，结果使得"传统"突然变成一种具有货币价值的文化资产。唐人街的商人将大街小巷、公园、饭馆、杂货店、书店、中药房以及学校等改造成具有异国情调的博物馆，为自己谋利益。隐藏在这种被重新发掘的迷人东方主义背后的是商业动机：将族群性商品化，使族群性就好像冷藏、包装好的即食晚餐，在诸如中国新年和中秋节等庆典上被加热及解

冻，供自己人和局外人消费。

主流社会的政治精英与移民小区内有权势的长者合谋，从而控制区内整个少数民族。从这个角度看，作为公共政策的多元文化主义与传统人类学意义上的文化或族群特性根本合不来，反而与经济有关，因为其有利于华商；还与政治有关，因为其可协助压制移民小区内部的性别冲突及代际冲突。多元文化主义对华人青年和妇女来说不仅仅是花言巧语，还是争取发言的障碍物，而且位于华人族群空间的内部要塞，因而比其他东西更具破坏性。通过多元文化主义，外族人渗透到种族政治内部，并从内部来左右抗争。

离开中国香港来到加拿大的移民，初时可能只在乎社会等级和宗教信仰，而不太在乎自己属于哪个族群，所以他们甚至不会意识到自己是个"华人"。在加拿大许多年以后，某些人可能懂得很好地表达自己的族群特性。富有戏剧性的是，种族特性竟在异国凸显——塑造族群特性的地方在加拿大，而不是在中国香港。多元文化主义把所有华人捆绑在一块，假设他们都一样。华人小区曾经被性别、社会等级、代际关系、宗教信仰深深分裂，如今借着肤色、输入的或强加的文化及种族特性，这些分歧已被漂白或漂黄。种族主义将编造的负面特点加诸在来自某一群体的人，固然是一种露骨的歧视；多元文化主义则把华人移民"族群化"，方法是提醒他们关注自身文化的根本价值观，鼓励他们以华人自居并维持华人的特性。由是观之，多元文化主义的族群化行为如同种族主义一样狭隘，或者正是种族主义的另一面。当种族主义把负面的污名强加于个人时，种族特性却戴上"正面的"文化面具。在多元文化主义政策下，加拿大的华人东方化了，变得比他们初踏入加拿大这片土地时更加中国化。在家用筷子、说中文变成一个道德问题、一种族群压力，而不是个人选择。华人拥抱他人强加给他们的身份，与社会合谋自我局限。Parsons（1975）肯定无法在多元文化主义的加拿大兜售他"可选择的种族性"观点。公共/私人领域划分的神话和种族特性的制造，确保华人被边缘化，于是，多元文化主义的公共政策，借用 Laing（1971）的表述，就是使少数族群接受、内化了公/私划分的神话，还对自己被一直蒙在鼓里毫无觉察（in the dark that he is in the dark）。移民迁移不是为了"寻得"自己的族群特性，迁移的一大代价便是因官僚们刻意把移民身份政治化和商品化，使移民被打上种族的烙印。人们首先会把他们看成华人，永远不会把他们看作加拿大人。

# 六、一个新的城市社会理论

多元文化主义的观点建立在两种虚构的划分之上：公共领域与私人领域的划

分，以及本土社会的"外部"制度如法律、教育和市场与移民小区的"内部"制度如家庭和亲族网络之间的划分。这种假想的划分反过来支持另一个神话——生产性的公共空间与消费性的私人空间。Park（1925）提出一个社会想象：城市是"由许多彼此接触但不相互渗透的微小世界镶嵌而成的工艺品"。他把城市想象成集市、一系列小岛，或一系列具有混合与多重用途的空间。在这个想象中，边境或边界有着双重的含义：把空间分离，却又连接起来，因此空间既互相关联、影响，同时也互相分离、分辨。我们可将都市移民的一天描述为一条连续的路径，这条路径穿过许多人类活动的场所，从私人空间到公共空间再到私人空间。都市人认识到这些空间的细微差别，但没有完整的意识，于是混淆了这些差别，让其在记忆里模糊不清。他观察到的城市，不是一连串碎断、分离的部分，而是一串经验的流动。公共/私人领域之间的划分仍然是一种精神构造，一种根据意识而非经验做出的划分。赞成多元文化主义的官僚持续重建这种划分，从物理上和精神上将移民隔离。

Tajbakhsh（2001）在他的《城市承诺》（*The Promise of the City*）一书中提出另类的城市社会理论，主要包含三个观点：建构空间（spacing）、多元决定（over-determination）和混成主义（hybridism）。建构空间的概念是为了构成并超越物理空间。Tajbakhsh（2001：164）写道：建构空间"反映活跃的、不断持续的，层层叠叠等特性的空间。我们居于空间，空间也居于我们。我们在空间中创造各种意义"。个人穿越城市，在不同的"族群界域"中穿插往来，我们感受到城市中各种"边界的流动性及事物的变化性……城市是处于不断变化中的，而不是既成的"（Tajbakhsh，2001：28 – 29）。Tajbakhsh追随弗洛伊德（Freud）、Althusser（1977）与Castells（1977），把外在多元决定（over-determination）的概念表述为：第一，"现象"不能归因于单个原因，而是"多项决定"（multiple determinations）的结果（Tajbakhsh，2001：52）；第二，某元素的意义或其认同（identity）不能完全包含于自身或其边界之内。认同在本质上，是由该认同与其他认同的关系所构成的（Tajbakhsh，2001：52），因而外界充实了内部，而内部则令外界变得重要、真实、有意义（"边界内"与"边界外"的划分，需要内外协议而构成，故任何划分都是人为的）。此外，人们的欲求、预期和想象影响或决定了何事将会发生，而个体的认同是由自己的愿望、幻想以及过去的经历所构成的。

建构空间和外在多元决定推展至第三点，就是被Tajbakhsh视为城市经验核心、属于后现代主义的混成性。城市边界是重叠、不稳定的，是形构之中的东西而不是固定的实体。城市人越过那些边界，经常遇到"异己"（otherness）。他必须学会面对别人的陌生性和自己内在的陌生感，在此过程中，他进入"灵魂现代

化"（modernization of the soul）（Kristeva，1991）。经过与内在和外在的陌生性相对，都市人变成混成体。现代都市人必须自己书写自己的故事，这样才能学会协调被 Park 称为"小世界"中的混乱与矛盾。

# 七、想象中的城市

如我们所见，多元文化主义本质上是一项缓和与牵制族群的策略，是一种管理多元社会里族群关系和小区的方式。作为一项政策，多元文化主义要求人们为移民小区的异国风情着迷，但把移民排斥在公共领域边缘。它开始于也终结于分离的族群小区。它固定和强化文化，加固了族群隔离墙。

但是，社会理论家如 Robert Park、Jane Jacobs（1965）、Richard Sennett、Manuel Castells 和 Kian Tajbakhsh 却提出另一种完全不同的方式来想象城市。这种新城市理论不是以公民最大化参与核心政治制度为基础，怀着改进政治和官僚主义决策的希望来讨论某种旧式民主，而是呼唤一种能创造各种制度和公众空间的管理方式。种族特性已经减弱的市民在该制度和空间下相遇，正视对方，从而解决过去外在于他们、现在却存在于内心深处的矛盾。生活在多种类型的邻居之中，新都市人积极投身于各种各样的公共机构，习惯于将某一观点和与其相反的观点组合起来，直到其变成一种内在的深思熟虑。确立这种公共制度和空间有一个目的：形成都市意识，这种意识不仅能够容忍，而且能创造出在差异之外、新鲜而令人兴奋的事物，这种意识就是混成意识（hybrid sensitivity）。

上述城市社会理论所设想的乌托邦不是一个多元文化的社会，而是一个由拥有多元文化个性或成员把多元文化主义内化的社会，其成员有能力让"多重视觉"构建成自己的意识（Tajbakhsh，2001：178），这从概念上来说类似于 Park 所称的"边缘人"（marginal man）或者 Schuetz（1944）和 Simmel（1908）所称的"陌生人"（stranger）的"内心折磨"（inner turmoil）。Park 把他的"边缘人"构造成一个"处于两种从来不会完全相互贯通与融合的文化或社会边界"上的人，正是两种文化之间的冲突引起了内心的折磨——在新旧自我之间强烈摇摆，感觉漂泊不定，有种强烈的自我意识。但是 Park 把漂泊不定感看作"对需要反思的问题做出的最初且最基本的反应"。如果将两种文化的冲突内在化，被命运所注定的边缘人，将深陷解决这种冲突的罗网，先是为自己，继而为他的种族。如果他能成功解决冲突，智慧得到增进，精神生活得以丰富，他便能达致混成。

# 八、结论

值得注意的是，不同的人由于其个人经验的不同，对作为一种社会概念或公共政策的多元文化主义也有不同的反应。有关海外华人的社会学是一门被夸大的、偏重商业经济精英的、不充分也不完善的社会学。这些精英中，最具代表性的是那些上了年纪的男人，他们以妇女及年轻人的代言人身份自居，并由此压抑女性及青少年的声音及不满的表达。政府官僚与华人小区的领导人在族群聚居地互相勾结，前者为政治目的，后者为商业目的。为了维持这种华人小区的同构型，有影响力的小区领导者会与更强大的外人合作，以拥护官僚体系对多元文化主义的论述：给予公共空间和私人领域划分以专权，确保种族的自我延续（ethnic retention）和传统性的保持（heritage preservation），以及对过去所有事物的僵硬化。

然而，华人小区的女性及年轻人，纵然感到不满，也已经生活在新世界，他们希望有力量解放他们的家庭和小区，进而拥抱这个新世界，希望身份能够被自身以外的、"传统"以外的事物所定义。被压抑、被伪装的华人家庭及小区内部的代际及性别政治，指向以各种文化相互交汇、融合、混成为特征的未来。因此，多元文化主义只是小区内某些人所热爱的不合时宜的想法。

在理论层面，多元文化主义表现出一个对文化、身份认同甚至人类本质缺乏远见的观点。移民、种族社团及唐人街曾被封锁在美好的怀旧之情中，但这种时代已经逝去很久了。华人移民及唐人街是最好的例子，他们尽力尝试适应和融入主流社会（尽管种族主义仍然存在），并因此改变自己和周围的人，甚至包括主流社会本身。

多元文化主义已然失败，城市理应得到更好的东西，我们需要承诺一方面揭穿划分私人领域与公共领域的假面具，另一方面为市民创造新的空间，使城市居民得以在这些空间中偶然发生的事情、矛盾情感、冲突以及意外惊喜等生活小片段中找到意义。在这样的城市里，人们可以居住在自我与他人形象之间的生活空间中（Tajbakhsh，2001：7）。改变认同总有风险，但回报却令人兴奋，甚至令人再生。由此可见，移民可以成为文化与文明变迁进化竞赛中的先驱者。

**参考文献**

[1] ALTHUSSER L. Contradiction and over-determination//ALTHUSSER L. For Marx. London：New Left Books，1977.

［2］ BENNIS W G & PHILIP E S. The Temporary society. New York, Evanston and London: Harper and Row, 1968.

［3］ BISSOONDATH N. Selling illusions: the cult of multiculturalism in Canada. Toronto: Penguin, 1994.

［4］ CASTELLS M. The urban question: a Marxist approach. Cambridge Boston: MIT Press, 1977.

［5］ CHAN K B. Both sides now: culture contact, hybridization, and cosmopolitanism//VERTOVEC S & COHEN R. Conceiving cosmopolitanism. Oxford: Oxford University Press, 2002.

［6］ CHAN K B & DORAIS L J. Family, identity, and the Vietnamese diaspora: the Quebec experience. Sojourn, 1998, 13 (2) .

［7］ GORDON M. Assimilation in American life. New York: Oxford University Press, 1964.

［8］ JACOBS J. The death and life of great American cities. Harmondsworth: Penguin, 1965.

［9］ KRIESTEVA J. Strangers to ourselves. Translated by LEON S R. New York: Columbia University Press, 1991.

［10］ LAING R D. The politics of experience and the bird of paradise. Harmondsworth: Penguin, 1967.

［11］ LAING R D. The politics of the family. Harmondsworth: Penguin, 1971.

［12］ LI P S. The multiculturalism debate// LI P S. Race and ethnic relations in Canada, 2nd ed. Toronto: Oxford University Press, 1999.

［13］ PARK R E. Race and culture. Indiana: Free Press, 1950.

［14］ PARK R E. Human migration and the marginal man. American journal of sociology, 1928, 33 (6) .

［15］ PARK R E. The city: suggestions for the investigation of human behaviour in the urban environment//PARK R E & BURGESS E W. The city: suggestions for the investigation of human behaviour in the urban environment. Chicago: University of Chicago Press, 1925/1967.

［16］ PARSONS T. Some theoretical considerations on the nature and trend of change of ethnicity//GLAZER N & MOYNIHAN D P. Ethnicity: theory and experience. Boston: Harvard University Press, 1975.

［17］ PARSONS T & BALES R F. Family: socialization and interaction process. London: Routledge & Kegan Paul, 1956.

［18］PORTERJ. The vertical mosaic: an analysis of social class and power in Canada. Toronto: Toronto University Press, 1965.

［19］RATH J. Minorisering: de sociale constrcte van ethnische minderheden. PhD Thesis. University of Utrecht, 1991.

［20］REX J. Multiculturalism and political integration in modern nation state// REX J & SINGH G. Governance in multicultural societies. Aldershot: Ashgate, 2003.

［21］REX J. Ethnic identity and the nation state: the political sociology of multicultural societies. Social identities, 1995 (1) .

［22］REX J & JOSEPHIDES S. Asian and Greek cypriot associations and identity//REX J, JOLY D & WILPERT C. Immigrant association in Europe. Aldershot: Gowe, 1987.

［23］REX J. The concept multi-cultural society. Occasional papers in ethnic relations (vol. 3) . Centre for Research in Ethnic Relations, 1985.

［24］SAMAD Y. Muslims, gender, generation and multiculturalism. Paper presented at the conference on Governance in multicultural societies: comparative lessons in public policy, February 7 – 10. Centre for Research in Ethnic Relations, University of Warwick, U. K , 2002.

［25］SCHIERUP C U & ALUND A. Will they still be dancing? Integration and ethnic transformation amongst Yugoslav immigrants in Sweden. Stockholm: Almqvist and Wiksell, 1987.

［26］SCHUETZ A. The stranger: an essay in social psychology. American journal of sociology, 1944, 49 (6) .

［27］SCIORTINO G. From homogeneity to difference? Multiculturalism as a description and as a field for claim-making. Unpublished Manuscript, 2001.

［28］SENNETT R. The uses of disorder: personal identity and city life. New York: W. W. Norton, 1970.

［29］SIMMEL G. The stranger//SIMMEL G. Soziologie. Leipzig: Duncker and Humbolt, 1908.

［30］SKINNER G W. Change and persistence in Chinese cultures overseas: a comparison of Thailand and Java//MCALISTER J T. Southeast Asia: the politics of national integration. New York: Random House, 1973.

［31］SKINNER G W. The Thailand Chinese: assimilation in a changing society. Lecture presented at the Thai Council of Asian Society, 1963.

［32］SKINNER G W. Chinese society in Thailand: an analytical history. Ithaca:

Cornell University Press, 1957a.

［33］ SKINNER G W. Chinese assimilation and Thai politics. Journal of Asian studies, 1957b (16) .

［34］ TAJBAKHSH K. The promise of the city: space, identity and politics in contemporary social thought. Berkeley: University of California Press, 2001.

［35］ TONG C K & CHAN K B. Rethinking assimilation and ethnicity: the Chinese of Thailand//TONG C K & CHAN K B. Alternate identities: the Chinese of contemporary Thailand. Singapore: Times Academic Press; Leiden: Brill Academic Publishers, 2001.

［36］ ZANGWILL I. melting-pot. New York: Macmillan, 1909.

# 华人身份的个人性、地域性及多元性

# 一张面孔，多副面具：华人认同的单一性与多元性

一片菜花黄

东有新月

西有夕阳

——与谢芜村（日本俳句诗人）

几十年来，社会学家一直在追寻族群性（ethnicity）的含义，Isaacs（1975：30）称之为"族群性雪人"（snowman of ethnicity），Francis Bacon 最早称之为"种族偶像"（idols of the tribe）。族群性复杂、含糊，令人难以理解。对族群性的讨论源于韦伯（Weber），他将族群定义为"（族群的）成员由于体质和文化上的相似，或者由于殖民、迁移的共同记忆，而对他们共同的血统抱有一种主观的信念"；他还补充，"客观的血缘关系存在与否并不重要"（1992：389）。韦伯定义的优胜之处在于它体现了主客观之间的相互作用，可能在分析上更侧重个人的信念或主观建构。

韦伯对族群性主观面的侧重影响了 Lyman 和 Douglas，这两位学者描述了个人"把族群性当作策略或计谋来利用"（1973：350）。这种将族群性理解为动态、流动的看法，是受群体根据先天赋予的特征吸收成员、区别他者的归属过程（ascriptive process）所启发的。Alba 恰到好处地称这是一种流动和"松散的"概念（1990：25）；Fishman（1977）则把族群性表述为现象学上的相互作用，他强调"不应仅仅把族群性视为行动者的血统根源（由血脉连贯）和行为表现（由文化传承），更要考虑到行动者赋予上述两者的意义"（Fishman，转引自 Siddique，1990：40-41）。族群性就是先天赋予与自我选择、个人与群体间相互作用的结果——尽管 Fishman 更侧重自我选择与群体的作用。Fishman 的理论微妙地与 Smolicz 的"个人文化系统"概念相合，该概念认为"一个人类行动者有意识地从群体仓储中挑选自己合用的价值观，并将其组织进符合他特定目的和利益的系统中"（1981：86）。在概念上和经验世界里，个人文化系统调和了公共的群体文化与私人的个人行为——后者一直是社会学家的关注对象。Smolicz 以三分法清楚描述族群性，三者分别是群体文化、个人与处于二者之间的个人文化系统，他由此突出了人类行动者的意识和自我选择能力。

其实，Smolicz 对族群性选择面的强调，也早已出现在其他学者的经典概念中，例如：Novak 的"自愿的族群性"（voluntary ethnicity）、Silver 的"犹太人性质中一种有效模式的个人主义"（individualism as a valid mode of Jewishness）、Eisenstad 的"犹太人的多样性"（Jewish diversity）[①]、Yancey 的"滋生式族群性"（emergent ethnicity），最明显的是 Gans（1979），他认为"今天族群的年青一代正在寻找族群认同的新方式"，并将他们最突出的新实践称作"符号化族群性"（symbolic ethnicity）。第三代族群普遍受到"族群性漂移"或"文化腐蚀"（老一代人经常为之心痛）的影响，对族源和祖先知之甚少或者一无所知，也不参加族群组织或其相关的族群文化活动。第三代族群的后裔日益关注"认同"（社会心理学意义上的）多于实际的文化实践或群体关系，着重感觉而非族群身份。这开启了他们自行选择其族群角色定义的可能性，从而构建一种自愿的、个人主义的族群性。这是一种"无代价""可随意挑选"的族群性，更多出于自愿而非先天赋予，出于情感而非手段。它带来难能可贵的可能性，容许个人改变、淡化甚至完全放弃族群性中的许多文化元素而不感觉自己脱离族群。内在的情感表现为外在的、符号式的可见事物，如风俗、习惯、仪式、服装、食物或节日——因此突出了族群性的可视性和显著度。

最近，在 Alba（1990）"美国白人的转变"的研究中，Gans 的"自愿主义"（voluntarism）得到强力的理论更新和经验验证。Gans 强调独立于族群认同外的族群社会结构、个人主义与文化腐蚀，认为感情、认同比身份和文化更重要。Alba 保留这些观点，同时把"族群认同的私有化"（privatization of ethnic identity）限于个人和家庭（1990：300）。年轻的新一代族群认为他们的族群性等同于家庭历史、自己的童年生活和个人的过去。

当然，新族群性观点并没有取代传统人类学意义上（也可以称为殖民主义者或普通人/外行人的观点）把族群性看成先天赋予的旧观点，后者坚信族群性与生俱来（Horowitz，1985：56），强调姓名、身体、血统、外表、肤色和其他体质特征是认同的标记或象征（Isaacs，1975：29 - 52），是明显的族群标志，因为是可视的、客观的、永恒的、不变的，所以也是"可靠的"（Horowitz，1985）[②]。

许多观察家评论华人有以下几个倾向：第一，华人描述其他种族时倾向于强调身体特征，坚持"种族纯洁性"，因为与"外人"繁衍后代会威胁体质的相同

---

① 关于以上三个概念的讨论，请参看 Bock（1979）的博士论文。

② 出版于 1967 年春，是一本关于肤色在社会关系中的特殊性的学术专刊，里面包括 Edward Shils，Harold R. Issacs，Kenneth J. Gergen 和 E. R. Braithwaite 等人的论文。

性（Isaacs，1975：40）；第二，倾向于强调外表和生物血统（Clammer，1981：275）或"种族"（Smolicz，1981：81）；第三，坚持父系血统及其传承，坚持群体身份是绝对的、不可协商的"排外主义"观点（Wee，1988：2 - 17），阻止外人的进入及成员的退出。这一根据出生来划分是不是华人的做法，因"他者"给华人（犹太人、黑人等莫不如此）施加的赋予性的族群性而更显复杂。他者不会轻易忘掉华人就是华人，一个人总是被他者提醒自己的华人性（Wee，1988：32；Tan，1993：25）。自我赋予的标签与他人施加的标签因此发生碰撞、共谋与融合。Ang（1993：8）简短沉思她的自身经历和族群性，以深沉的语调讲道："对我来说，华人性是强制的认同……表示我不能脱离华人性，反映在我的身体上，也刻在我的心里，像极了 Frantz Fanon 因他的黑人性而遭受的'肉体诅咒'。"华人性的"肉体诅咒"，当然离不开那些长着显著"偏见之眼"的他者所描述的"黄皮肤的事实"（fact of yellowness）。

# 一、研究方法

带着以上理论问题，我们于 1992 年 3 月至 1993 年 2 月收集有关新加坡华人的资料。为取得所需类型的资料，本项研究采用质性研究方法中的田野考察。研究中运用两个主要的访谈方法：有访谈提纲的开放式半结构访谈和随意的"日常生活"式访谈。访谈提纲包括如下问题：使用的语言、个人和家庭史、族群歧视、不同群体间的联系，最重要的问题是，身为华人的意义。访谈使用的语言包括英语、普通话和新加坡华人使用的几种主要的方言，如闽南话、潮州话、广东话等。在访谈中和访谈结束后，我们都写田野笔记。访谈持续时间一般在一个半小时到三小时，大部分约一个半小时。

我们共访问了 56 位受访者，52% 是男性，48% 是女性。本研究并非依据随机原则抽取样本，而是根据几个关键标准将样本分层，其中一项标准乃受访者受何种语言教育，这是由于语言、族群性、心理过程之间有密切关系。在抽取的样本中，42% 受英文教育，42% 受华文教育，其余的 16% 没有接受过正式教育。另外一个重要的变量是受访者的年龄：42% 在 15 ~ 25 岁，34% 在 26 ~ 40 岁，18% 在 41 ~ 59 岁，6% 在 60 岁以上。此外，受访者的职业也可能影响其对族群性的理解。在我们最终的样本中，包括了各种职业背景的受访者：学生、记者、粮店老板、教师、家庭主妇、医生、出租车司机、会馆领袖以及工程师。除这次访谈，本研究还使用了 1989 年我们对 1 025 个华人进行的调查。那次调查主要关注新加坡的华人宗教，内含与本项研究有关的信息。同时，我们还收集并分析了新

加坡国立大学所收藏的中英文报纸和档案数据。除此之外，我们也借与相关领域的专家讨论，使我们的分析更加深入。

# 二、不断变动的族群特性

在一次实地访谈中，一位受访者声称"新加坡那些受英文教育的华人不像是华人"，我们对这种说法感到非常困惑，这位受访者好像认为新加坡的华人性（Chineseness）是可以测量并客观存在的东西，于是问他什么是身为华人所必须具有的属性。他稍稍有些吃惊，没错，他知道自己是"华人"，但不能解释什么是华人。事实上，当遇到定义华人性这个问题时，受访者（尤其是那些年纪较轻的）的反应皆有以下特征：深深地困惑、痛苦地自我检视，并尝试把答案理性化。用一位受访者的话来说就是：

因为没有人会想自己是不是华人这个问题，大家都理所当然认为自己是华人，一般没有人非得去弄清楚某个人是不是华人……但是现在你问这个问题，这就会使人们不得不去思考平常并不需要思考的问题。这个问题很难回答。我从来没有想过，确实需要思考一下。一个人是不是华人，要从血统上看，不是吗？

男，26 岁，受英文教育，大学学历，医生

除了上面引述的医生的话外，不少受访者的回答经常自相矛盾。譬如另一位受英文教育的受访者声称华文是华人族群认同最重要的标志，但她自己一句华文都不会说，却毫不犹豫地自称华人。

被问及身份认同的问题时，不管是与性别、族群性、宗教、职业有关的，还是涉及个人现存的种种问题的，都会令许多人（即使不是所有人）内心感到焦虑。人们很少被别人提问或自我思考关于身份认同的问题。一个人通常不会问自己"我是谁"或"我是什么人"，除非他的生活因一些重大事件而发生剧变，如面对死亡威胁、重病、皈依宗教、被迫迁移、结婚离婚、遭遇自然灾害等，或是身处医院、国际机场的中转候机厅里、旅馆里、集中营或难民营里，才会深刻思考。在平时，身份认同问题由于多被视为自然而然的东西而被人们抛之脑后或深藏在潜意识里，而正由于它理所当然地被认为是没有问题的东西，所以人们总是可以心安理得地"继续生活"。

然而，对有些人（也许是少部分人）来说，族群认同是一种包裹妥当的包袱，被安全而舒适地存放于心灵的一隅。认同牢牢泊定于某人心里的重要地方，

因此能够确定无疑地、自信地说出自己的籍贯、血统、家乡和归属。受访者中，那些出生于中国的老一代华人，也就是第一代移民，能够比较容易地界定其华人性。他们自称"唐山人"，即"中国唐朝的人"。他们的族群认同与中国的地域、历史紧密相连，对他们来说，族群性与"空间""地点"或"小区"连在一起。诸如"谁是华人""身为华人意味着什么"之类的问题，在他们看来根本不是问题。

当新加坡政府假定华人会了解中国或者应该了解中国时（访谈中，我们发现事实上很多华人并不真正了解），族群认同问题会给人们带来压力。新加坡华人之所以不了解中国，是由特定的个人原因或政治环境造成的，皆是华人不能左右的力量。尽管如此，他们仍然会为社会学家的提问感到惭愧、烦恼。人的族群界定本应毫无疑问，但事实上，新加坡华人的族群特性却含糊不清，因此政府鼓励他们到中国"寻根问祖"。在部分华人看来，族群性在个人生活的大部分时间里只是象征性的符号，因此很难回答有关族群认同的问题，但是新加坡政府强调族群性的先天赋予特征。从社会学意义上讲，政府与普通民众对华人性定义的脱节给民众带来了压力。

新加坡政府总是以公共政策干预公民的私人生活（包括出生、择偶和教育等）。新加坡标榜自己是族群和宗教多元的社会，其政府奉行多元种族政策，自独立以来，在族群政策制定方面一直扮演着积极角色。例如，根据国民的种族/族群归属划分人口，即为人们熟知的 CMIO（华族、马来族、印度族和其他族）。这种官方分类印在每个人的出生文件和身份证上，常常给人（特别是异族通婚家庭里的人）带来困扰。举例来讲，如果一个小孩的父亲是华族，母亲是印度族，那么按照官方的划分，这个小孩将被划为华族；如果小孩的父亲是印度族，母亲是华族，他就将被划为印度族。当小孩达到上学年龄时，问题将更加严重。新加坡的教育系统强调双语政策，要求儿童除了学习英文之外，同时还要学习另外一种母语。根据官方标准，划为华族的学生即便在家里讲的是泰米尔语（Tamil），也必须以华文为母语。同样地，划为印度族的学生，即便因为母亲的影响，华文说得流畅，也必须以泰米尔语为母语。尽管近几年来这一教育政策有所松动，但国民个人的自我认同与政府施加的族群认同之间的脱节，还是让小孩及其家人感到困惑，并常常给他们带来很大的压力。

对许多人来说，族群性是象征性的、自愿的，但社会和政府并不这样认为。在新加坡，通过"讲华语运动"、以种族为基础的自助团体等不同形式的深化，族群性已经被制度化（Clammer，1981：266–284）和官僚化了（Siddique，1990：35–62），这一制度化的族群性又进而维持、巩固新加坡人的种族意识。政府将族群性和种族放在同等重要的位置，主导族群性论述。新加坡人，尤其是在新加坡出生的

年青一代，正以自己的方式应对这一国家论述，在此过程中，难免会感到矛盾、不协调和疑惑。

# 三、先天赋予的族群身份

在本项研究中，大多数受访者倾向于使用先天赋予的特征来描述和解释他们的华人性。受访者有一个共同的观点：如果一个人出身于华人家庭，"自然"就可以归类为华人。一位受访者谈道：

我们之所以是华人，是因为我们生下来就是华人，这是不能改变的事实。

男，25 岁，受华文教育，中四学历，店主

另外一位受访者强调：

如果你生下来就是个华人，那么你将永远是华人。你身体里流淌的是华人的血液。你从本质上说就是华人。

女，43 岁，受英文教育，大学预科学历，家庭主妇

事实上，无论受访者的年龄、出生地、宗教、语言、教育、社会经济地位如何，他们都一致认为出身和血统是族群认同和族群身份最重要的标志或标准。他们着重用能以显性体质特征来"显明"的族群归属手段。换言之，拥有黑头发、黑眼睛、黄皮肤的人，就是华人：

谈起华人的特征，你会去看肤色。现在我们看新加坡的华人，仍然是一样的，因为你流的是华人的血。我们怎么能说你流的是马来人的血呢？那是不可能的……你看看肤色。比如，你看看混血儿，他们的肤色和我们的不同……遇到说华语的马来人，你需要看看他的肤色，如果肤色很黑，你就知道他是马来人。如果你遇到说英语的马来人，现在马来人说英语很普遍，你立即就可以断定他是马来人，因为他肤色黑，而且不会说华人的任何一种方言。如果一个孩子在只说英语的环境中长大，不懂任何华文，就很难说他是不是华人，因为从小到大他一直只讲英语……但是如果看肤色，你能够辨别出这个孩子是华人。有时候你碰见的这个小孩皮肤可能很黑，但这只是极少数，大多数华人肤色白……稍微有点黄……

混血儿跟我们不一样。如果仔细看或者近距离看的话，他们的脸部特征不一样。我们年龄比你们大得多，所以我们就能够辨别出脸部特征是不一样的。从脸上可以看出一切（即使孩子的爸爸是华人）！因为混血儿的肤色也是混合的。你知道，如果一个黑皮肤的马来人和一个白皮肤的华人结婚，他们孩子的肤色就不会和我们一样白。你会看到孩子肤色是混合的。即使孩子的爸爸是华人，孩子的眼睛和嘴唇和一个纯粹的华人也是不一样的。这个孩子的脸会带有其他族群的特征，正因为如此他看上去就和我们不同。

男，约 45 岁，受华文教育，小学学历，粮店老板

华人有不同的肤色和发色，但受访者似乎不受这个事实的困扰，他们坚持把原生性的、直观的、体质性的因素作为华人的标志。肤色可能稍有变化，但依然流着华人的血。看不到的特征，比如血液，被"运作"或"显示"为可视的特征，和肤色、黑头发一样。当然，这一根据体质特征来判断族群归属的行为十分可笑，它并没有意识到华人并非最早称自己的肤色是最令人向往的，最早有这种肤色优越感的是白种人。华人及时借用势力强大的"他者"所惯用的语言和划分种族的惯例（Tan，1993：15）：

我们的老祖宗有基因……传递给我们，我们是黄皮肤，黑眼睛……这就是为什么我们是华人……但是我们不能改变我们的血统——我们是千真万确的华人，这一点永远也改变不了。没有人可以把我们变成欧洲人或印度人。我们不可能被改变，因为我们的祖先来自中国。他们是真正的中国人——他们是我们的祖先。我们不能改变这一点。这是显而易见的。我们的祖先是黄皮肤、黑头发的中国人。

男，25 岁，受华文教育，中四学历，送货员

姓氏也被看作是一个族群标志。许多受访者声称姓氏决定了谁是华人[1]：

要成为华人，你需要有一个华人的姓，"陈""林"等都是华人的姓。这是因为无论如何你都有一个华人的姓。你不能否认它。如果你生来就有一个华人的姓，那么它会跟随你一生。一个小孩因为有一个华人的姓就可以是华人。但是如果只有小孩的妈妈是华人，小孩会随父姓，这个姓不是他妈妈的姓。这将意味着这个孩子不是华人。

男，66 岁，没有接受过正式教育，退休

---

① 参阅 Isaacs（1975）和 Levi-Strauss（1966）的著作，可了解更多关于名字与命名的尖锐论述。

我们该怎样理解新加坡华人将原生性特征作为族群认同和族群身份的基础呢？这可能是因为马来人（占总人口的14%）和印度人（8%）的肤色与华人（77%）的明显不同，前两者肤色通常较黑。对肤色的强调导致群体的差异进一步拉大——我们是华人是因为我们的皮肤是黄色的，与黑皮肤的印度人和马来人不同：

华人之所以是华人是因为肤色。老一代人过去常把肤色看得非常重要……"黑人"是马来人和印度人……"白皮肤"的是"白种人"，黄皮肤的是华人。所以我父亲常说我们华人来自中国……首先，我们是黄皮肤，我们的语言不同……这些是最重要的区分因素……我们的习惯、好恶也都完全不同。

男，52岁，受华文教育，小学学历，店主

群体间的差异和界限，在与其他族群密切接触中经过对比而变得突出。当语言、宗教、教育等其他族群标志越来越难以用作归类标准时，体质特征就获得了功能性的突出作用，用来维持界限，控制个人在群体间的进出。因此，群体的划分只是来自建构而来的族群边界，而不是群体附有的文化（Barth，1969：15）。

许多受访者都认为如果不是生为华人，就不可能成为华人。因此，即使一个马来人或印度人讲普通话或中国方言、信仰华人宗教、遵守华人习俗礼节以及所有华人文化行为，他仍非华人。事实上，这样的马来人或印度人经常被我们的受访者当成怪物：

马来人成为华人可能吗？不，我认为不能。你必须认同一个种族。你出生时，你的种族就被划定了。当然，马来人可以采用华人的思维方式，但他不会是华人。想一想，如果一个白种人告诉你他是华人，你会怎么想？我们是被西化了，但是从根本上说我们还是华人。我是这样理解"谁是华人"这个问题的。

女，约20岁，受英文教育，大学学历，法律助理

马来西亚的许多印度人都会讲流利的华语，行为也像华人，但是他们的血统仍然是印度人的血统。我想说不管怎样，你永远不可能改变你的本质。

男，26岁，受英文教育，大学学历，工程师

如果你生下来就不是华人，那你不可能成为华人。

女，24岁，受英文教育，大学学历，人事助理

如果父母中有一人不是华人，小孩的外貌就不像华人。

男，22岁，受华文教育，中学学历，文员

与此同时，受访者认为一个人如果生来就是华人，那他一辈子都是华人，即使他不会说华语，不信仰华人宗教，不遵守华人的习俗或仪式：

我有点西化。我不用筷子，也很少讲华语。如果同事华语说得太快，我就听不懂，所以他们跟我说英语。需要跟他们讲话时，有时我会用不流利的华语和广东话。人们说如果你是华人，你必须要有华人的价值观。但是我没有，我认同西方的价值观。但是我认为华人的道德观念不错……我认为自己仍然是华人。只要你长了一张华人的脸，即使不会说华语，你仍然是华人。只是你说华文的能力降低了而已。

男，21岁，受英文教育，大学学历，学生

我认为不管怎样，华人就是华人。即使他不会讲华语，他的血统依然是华人血统。如果你是华人，那么你就一直是华人；如果你是黄皮肤，你就是黄皮肤，这些都无法改变。

女，30岁，受华文教育，大学预科学历，华文老师

从以上访谈摘录中可以明显看出：人们在区分种族内部成员与外人时，所用的标准是种族或体质等赋予性特征。我们可以通过考察受访者对异族通婚的态度来收集这些观点。独立以来，新加坡的异族通婚率变化不大，并且维持在较低水平，在每年总婚姻数的3%到6%之间浮动。华人与其他族群通婚的比例最低，其次是马来人和印度人（Lee，1988；Hassan and Benjamin，1976；Kuo and Hassan，1979）。我们的受访者强调华人与异族通婚的后代不能被看作是"华人"。华人社会中父系血统非常重要，因此如果混血儿的父亲是华人，有时也可以看作是华人。基本上，异族通婚的后代都被认为是"混血儿"（Chup Cheng）——总是有贬损的意味：

如果孩子的母亲是华人，但父亲不是华人，那这个孩子就不能看作是华人，因为他将变成混血儿。这个孩子不可能被华人接受，因为他的血统不再纯正。

男，40岁，受华文教育，小学学历，商店老板

要成为纯正的华人，父母就必须都是华人。当然，有很多的混合种族、"混

血儿"……如果父母中的一方是华人，孩子会有一些华人的特征，比如他看起来像是华人，但他仍然是混血儿。成为纯正的华人是很重要的。

男，21岁，受华文教育，大学学历，学生

即使没有任何华人的文化特征，只要出生时是华人，就会一直是华人，永远不可能改变。如果出生时不是华人，即使吸收华人的文化特征或遵守华人的文化习惯也依然不是华人。单纯用出生——赋予性特征、血统、宗族——来判断族群身份强调了这样一个"事实"：一个人的华人性是永恒的、不可改变的。族群身份是给定的，没有人能够改变。

把出生当作唯一原则隐含了类别排斥——对血统纯正性的继续坚持以及对其他种族、其他不同基因的入侵和渗透的警惕。纯正的反面是不纯正，这是人们所害怕的，因而群体为保持纯正性而抵制异族通婚以免其被玷污。华人与华人结婚已经成为一种道德责任，是"必须做"的行为，否则就是耻辱的、不体面的。杂交"产生"差异，有时会变成社会学意义上的污名：混血儿是次要的、比其他人下等、有些古怪……尽管如此，在"纯正"的华人眼中，混血儿仍然是华人，只不过是下等的华人，因为他们的血统被玷污，纯正性被降低。

# 四、宗教分歧

今天的新加坡华人当中，许多传统的族群认同标志（语言、教育、宗教信仰）已失去同质化作用。比如，宗教之所以一直是华人族群认同的标志，可能是因为宗教中蕴含着华人珍视的核心价值观，例如孝顺、负责任和传宗接代。仪式的设定，尤其是祭祀仪式、出生仪式和葬礼，维持并强化了华人所认同的价值观。仪式是对传统的庆祝，也是人们与根、与家乡维持关系的纽带。因此，宗教通过仪式展演其信仰体系，不断加深个人对华人历史、传统和文化价值观的记忆。仪式肯定Durkheim所说的小区感，使人们为共同的目标团结起来，从而使群体得以一致。通过频繁的活动和共同的情感，仪式把个人和群体捆绑、联结在一起。比如，华人庆祝盂兰节，他们相信亡灵如若不能消除罪孽或重新投胎就会被困在地狱里。信奉传统中国宗教的人宣称，在农历七月一日到七月三十日这一个月内，"鬼门关"会打开，"饿鬼"就会从阴间出来到人间觅食。此乃危险时期，人们要采取预防措施，以免冒犯游魂，因此人们会进行一些公共仪式，例如供奉食物和撒纸钱等。他们认为这些仪式可以安抚游魂，而且当人群聚集时，就可以将游魂驱离小区。

　　然而，在今天的新加坡社会，很难说宗教对大部分华人继续发挥了这些功能。1921 年的新加坡人口普查表明，98% 的华人自称信仰一种华人宗教①。我们可以说至少从统计数字上看，那时宗教是一个重要的族群标志。然而，近来的统计结果显示情况早已改变。例如，在 1990 年的人口普查中，39% 的华人受访者自称佛教徒，28.2% 自称道教徒（Tong，1992：276 - 298）。加在一起，信仰华人宗教的新加坡华人只占华人总人口的 67%。值得注意的是，14.2% 的华人自称信仰基督教，18.3% 的华人自称没有宗教信仰，这使华人成为宗教信仰最分裂的族群。新加坡华人的宗教信仰以异质性为特点，而不是同构型。

　　此外，自称信仰基督教的华人所拥有的社会背景，与自称信仰道教或没有宗教信仰的华人差异很大，也就是说，一个华人基督徒与一个华人道教徒差别很大。基督教更能吸引那些年轻的、受英文教育的华人，这些人通常来自比较富裕的家庭。事实上，就语言能力来讲，受英文教育的华人中有超过 27% 的人信仰基督教，相比之下，受华文教育的华人信仰基督教的比例只有 6%。看上去道教徒的社会特征与基督徒正好相反，道教徒往往年龄较大，受教育程度较低，讲普通话或一种中国方言。从这个意义上讲，在新加坡，宗教是分离而不是团结华人团体的一个标志。

　　20 世纪 20 年代到 90 年代，华人基督徒的大量增加是一个特别的现象，因为许多华人（特别是老一代华人）一度认为基督教在许多方面与华人性对立，基督教被看成是腐蚀华人传统习俗的西方传统。一项关于华人风俗习惯的研究（Tong，1988）发现，虽然许多华人仍然过传统节日，仍然参与传统的宗教活动，但在受英语教育的年青一代新加坡华人中，仪式展演的比例显著降低。例如，30 岁以下的华人中，只有 72.2% 的人过清明节，而年龄在 40 到 49 岁的华人中，有 86.5% 的人过清明节。同样地，在受英文教育的华人中，有 49.1% 的人一年所过的节日不超过 4 个，而在受华文教育的华人中，这个比例只有 26.5%。即使在自称信仰道教的年轻人当中，过传统节日的比例也有所下降。华人的习俗不再是一种捆绑、团结的力量，不再是华人小区的黏合剂。相反，现在华人更多地把传统仪式的展演理解为自愿行为，而不是责任上的要求。

　　我们在深入考察宗教这一变量时，发现一幅更具戏剧性的画面。一方面，自称信仰一种华人宗教的人当中，有 85.3% 的人每年至少过 5 个（最多的是 9 个）

---

　　① 华人的主要宗教是道教、佛教和儒教，以及其他大众化的信仰，如祖先崇拜和向神灵祈求。不过，大多数华人的宗教信仰及行为不能归类到上述任一特定的类别。对他们来说，"正式"的宗教标签并不重要，而且他们的宗教行为是多种宗教传统的混合。他们不能亦不会区分宗教类别，反而经常将之混为一谈，例如佛教和道教的情况。正如 Topley（1956：76）所言："华人的大众宗教的本质，就是包罗万有，从广泛的宗教和哲学系统，纳入各种难以分类、来源不一的信仰。"

农历或华人节日。另一方面，自称信仰基督教的人当中有90.4%一年过的节日不超过4个。大多数基督徒似乎认为华人的节日是迷信，因此不过这些节日。多变量分析的结果显示，宗教是预测基督徒是否过华人节日的唯一变量，原因有二：首先，新加坡的绝大多数华人基督徒以前都信仰传统的华人宗教，宗教的转变暗含着他们对华人宗教体制的不满。其次，新加坡基督教的本质强调教义和仪式的纯洁性，华人的风俗习惯往往被认为是迷信，因此基督徒就不庆祝华人传统的节日，以免违背基督教教义。不过，需要着重指出的是，大多数基督徒（即使不是全部）并不否定自己是华人，他们只是不过传统节日而已，他们认为宗教不是族群认同的一个必要条件。

这里想要说明的是，历史上由于华人共享同一信仰体系，所以宗教曾经是一个族群标志。但是在今天的新加坡，华人的信仰多元化，从以前固守华人传统习俗和节日，目前慢慢变为一种自愿性行为。当然，与其他族群相比（例如马来人至今仍然信仰伊斯兰教），华人在某种意义上可以自由改变宗教信仰，就意味着宗教也许从一开始就不是一个重要的种族标志。有很多学者都持类似观点，他们认为华人没有宗教信仰，只有意识形态体系（Yang, 1970）。

在总的理论层面上讲，基督教与华人性之间很可能是共存关系，脱离抑或信奉华人宗教，必然会深化个体华人族群性的意义及其发挥的效果。然而，我们发现大多数基督徒好像已经找到解决既是基督徒又是华人这一矛盾的办法，有的人抛却内心的斗争，有的人干脆接受信仰基督教会使华人变得不太像华人的观点。我们的受访者说：

在宗教上……我们有不同的信仰，你可能是基督徒，但你仍然是华人；你也许不想吃我们拜神用的食物，但你仍然是华人。一些人是彻彻底底的基督徒，但他们仍然会告诉你他们也是闽南人……这就是为什么即使他们信奉不同的宗教，他们仍然是华人。

女，73岁，没有接受过正式教育，家庭主妇

不，你不能把宗教或食物看成是重要的族群标志。比如说，你信奉基督教，但是你不会说自己不是华人，是不是？你仍然是华人。其实现在许多年轻人都是基督徒，但是你不能说他们不是华人。有的甚至吃拜神用的食物。我知道有的基督徒不会吃这类食物。他们仍然是华人。

男，66岁，没有接受过正式教育，退休

# 五、竞争领域：语言与教育

英国殖民者统治新加坡和东南亚其他国家期间，奉行根据赋予特征划分族群的政策，给马来人、华人和印度人分配不同及不平等的经济、社会角色（Trocki，1992：97 – 130；Lian and Ananda，2002）。英国殖民统治者首先把他们自己以及他者看成是归属于一个独特、分隔开的团体成员，然后才视之为个体（Stockwell，1982：56）。统治者和被统治者之间以"小区"的方式联系，这一互动模式表现为不同族群集中居住在城市的不同地方（Hodder，1953），团结感（而非辩证关系）因而可以在人类本性、文化、族群性、地理空间、小区、社会经济组织和个人之间稳固地建立起来。可以大胆地说，新加坡政府实行的 CMIO 种族划分方案，是殖民地意识形态的延续（Lian and Ananda，2002）。政府的多元种族政策的一个重要后果，是各个"种族"依然相互分离，各自保持自己的特色，种族意识也会增强。这样一来，华人就被迫变得更加像华人，印度人更像印度人，马来人更像马来人（Benjamin，1976：115 – 133）。如果没有 CMIO 政策，他们未必如此。

新加坡的正式教育体制最早由英国殖民者建立，目的是培养本土精英，而所谓的本土人即指马来人。华人则需要自力更生，由小区特别是宗亲会组织提供建立学校的资源。学校授课的语言，自然是华文（普通话），教科书和教师来自中国大陆和台湾。英文（亲英）教育是精英（也包括少数华人）的特权。1959 年人民行动党掌权，开始着手改革教育体制，逐步集中、整合所有学校，引进统一的课程。最初，华校与英校共存，到 20 世纪 80 年代，华校生开始减少，许多华校关闭。

Chiew（1983：29 – 64）用"去多元化"（de-pluralization）这一概念来解释新加坡独立后的族群关系。在他看来，去多元化意味着族群边界和族群独特性的解体。随着族群间的边界越来越重叠，一种包罗一切的国家认同得以出现。Chiew 使用了"代理制度"（broker institution）和"平行制度"（parallel institution）这两个概念，前者指在两个或两个以上族群之间起调停、联系作用的制度，后者指共享但重复的制度。Chiew 指出代理制度变得越来越重要，而平行制度的影响力在减小。代理制度的具体例子包括综合学校、双语教育和公共房屋，平行制度的一个例子是方言学校。Chiew 声称由于去多元化，新加坡社会结构高度整合，成功地塑造出一种国家认同。在新加坡，政府采用双语制度和双语教育，所有的学生都必须学习两种语言，英语是第一语言，母语/华语（普通话）、泰米

尔语或马来语为第二语言。当时的总理李光耀（1978）这样解释双语政策：

> 我们的任务是创造一个长久的社会，必须有一些基本的共同特征。其中之一就是在我们这个多语言、多文化的社会里，能熟练地用一门共同的语言交流。

自此，教育体制最重要的变化是设立同时以英文和华文作为第一教学语言的特殊学校。这对新加坡人的自我认同和族群性产生了什么影响呢？在殖民地时期和独立后的一段时期内，语言政策往往同教育紧密相连，同时也不可避免地与民族国家的政治休戚与共（Gopinathan，1980：175 – 202；Lian and Ananda，2002）。在殖民时代，教育体制起区分的作用，在华人和其他族群之间制造边界。不同的群体互相隔离，更重要的是他们的孩子也相互隔离。华人的孩子受华文教育。那个时候的华文教育遵循传统的古典教育思想，注重灌输道德规范。因此，殖民时期的华校强化家庭中的社会化过程，增强群体的认同意识。那时，华文教育以中国为中心，和新加坡几乎不相干（Franke，1965：182 – 193）。华人教育孩子要认同中国的民族主义，认同中国民族国家的政治意识。

新加坡政府从 1959 年始宣传多元种族意识形态。根据建国宪章的精神，平等对待各种族的文化认同和族群认同，平等对待四大教育支流——马来语、华语、英语和泰米尔语（Benjamin，1976）。

1965 年新加坡独立之后，其教育政策是为了打破各个族群之间的分割，建立"综合"学校。然而，教育仍然是华人小区的一股分离力量。受华文教育的华人和受英文教育的华人之间的差别逐渐拉大，两个群体互相给对方制造各种各样的"亚族群"刻板印象。20 世纪 90 年代，政府对华语、马来语、泰米尔语和英语四种官方语言的大力推行（Pakir，1993），是造成两个群体之间出现两极化迹象的部分原因。其实早在 20 世纪初，这种分化就已经在小部分亲英的华人和大多数受华文教育的华人之间显现出来，拉开了新加坡华人内部分化的序幕。一位受英语教育的华人提到：

> 他们（受华文教育的华人）是一类人，我们是另一类人。他们非常狭隘。他们只说华语。受华文教育的人没有未来。他们只去南大（那个时候的南洋大学，一所华文大学）上学。他们处于劣势。如果他们想去英国的话也很困难，因为他们不会说英语。受英文教育的华人不懂华语也没有关系，因为仍然能够通过（各种考核）。我的有些邻居只受过华文教育。谢天谢地，他们最后能说两种语言而且做得非常好。有一个姐姐为了让她的弟弟去国外读书牺牲了自己的生活和教育。我想这就是受华文教育的人让我佩服的地方。但是华文教育不是那么重

要，凑合着知道一点就行了。在新加坡，你不需要懂华语。英语的地位很高。如果你只懂华语，你就处于不利的地位。

男，25 岁左右，受英文教育，大学学历，工程师

与此相对应，受华文教育的人对受英文教育的人的评价也不高：

如果一个人长着华人的脸但不会说华语，我认为他不能算是华人；如果一个人说华语但长得不像华人，也不能算是华人。

女，22 岁，受华文教育，中学学历，家庭主妇

我认为学习华语简直是煎熬。但是如果你不懂自己的语言，那将是一件非常羞耻的事情，特别是当你在国外时。日本人和法国人都以他们的语言为豪，我们也该这样。

男，22 岁，受华文教育，中学学历，文员

受华文教育的华人被受英文教育的华人描述为"过度保守"和"不时尚"；同样，在前者看来，后者是"自由的"和"性放纵的"，只能算是半个华人，且是对华人文化知之甚少的劣等华人。这两个群体对华人认同与华人文化的构成要素有着不同的认识。受华文教育的人倾向于把语言作为一个重要的族群性标志，这绝非偶然，语言对文化价值观的传承非常重要："一旦华语不再使用，华人文化也将随之消失。"一位受访者这样讲道：

我认为不讲华语的华人不是真正的华人。有的华人甚至不庆祝新年，在屋里睡大觉，浪费大好时间。他们只计算该送多少红包，然后就觉得过新年不划算。

受英文教育的人不算是真正的华人，他与邻居交流会有困难。一点华语都不会讲太说不过去了，我可以接受他，但年长的人未必会接受。我认为以后他的小孩会有麻烦，他们将不会说普通话。在新加坡，华人还是大多数，他与其他华人的交流会出现问题。不会讲华语也很没面子，一些外国人都开始学华语了，你这个地地道道的华人却不会讲华语。

如果外国人用华语跟你交谈但是你却不能回应，那可真尴尬。现在大多数年青一代的妈妈不跟孩子讲华语，因为她们知道如果孩子不懂英语就没办法在新加坡生存下去。因为这一点，现在祖孙之间有很大的代沟。他们无法交流。

男，22 岁，受华文教育，中学学历，办公室工作人员

　　一些人意识到，也正经历着因为受华文教育而被剥夺经济和教育的机会，所以他们逐渐发展出重视华文的态度，此态度可能是在"对应—构建"（reaction - formation）的过程中发展出来的，也就是说，弱势的群体成员信奉被强势群体成员贬低、污名化的东西，并引以为豪。此外，为了回击，受华文教育的人不但将语言与文化联系起来，而且上升为道德问题。在他们看来，受英文教育的华人不能很好地掌握华语是可耻的，他们使用下列词汇来描述受英文教育的人，如"香蕉人"（外黄内白），或者"WOG"（西式的东方绅士，western oriental gentlemen）。受华文教育的人显然没有意识到这些词汇并非他们首创，最早杜撰这些词汇的是白人，目的是用来形容那些在所在国被殖民者同化、不再讲本族裔语言也无法适应本族裔文化的第二代和第三代亚裔（主要是华裔和日裔）。现在，这些词又被受华文教育的人采用，用来嘲笑那些"族群性漂移""数典忘祖"的受英文教育的华人。局外人的谴责变成局内人的争论焦点。

　　除了坚持华语以外，受华文教育的华人也常常强调他们对华人文化的了解和坚持，表达一种理想化的华人性观点：

　　人们因为不能认同他们的文化而转向其他文化。我认为华人应该知道自己的文化，否则就没有必要界定种族。我们是大多数，很显然，我们的文化对社会贡献最大。如果别的种族不能容忍我们，他们本可以说出来的，但他们没说，这就说明我们是对的……你知道，也许他们也想学习我们的思想。你有没有意识到五千年里，中国从来没有征服过哪个国家，即使征服了，中国人也没有给被征服的国家带来苦难，或是破坏别人的家园。这值得我们注意，因为中华文化有一个很重要的美德——和谐。

　　　　　　　　　　　　　　　男，40岁，受华文教育，小学学历，店主

　　和预期一样，受英文教育的华人在界定身份认同时，往往不太强调语言的作用。他们认为认同的标志是"血统"、发色、肤色以及是否实践他们所认同的传统核心价值观。受华文教育的人认为华人必须说、读、写都要用华文，并且要遵守所有的习俗和仪式；而受英文教育的人往往更关心他们所认同的核心价值观，包括最为华人称道的"孝道"以及各种重要仪式的展演，例如农历新年或中秋节的各种庆祝活动。

　　这里需要强调的一点是，虽然受英文教育的华人和受华文教育的华人在核心价值观的构成要素上有一致的看法——例如血统（指生子嗣续香火）和孝道，但在其他领域，尤其是语言方面，二者之间的分歧很大。受华文教育的人往往认为语言最重要，受英文教育的华人却并不这样认为，虽然有时候他们也会感叹文化的失落，觉得无所适从。在什么是核心价值观这点上，存在着个人和群体的差异，然而所有的受访者，不管受华文教育还是受英文教育的，却都认为自己不像"华人"：

> 是，我不太像华人。我知道自己是华人，这个意识使我想变得更像华人。要想更像华人，我应该具有其他特征。我接受的是英文教育，但这并不是我所能左右的。我希望讲华语，因为我真的想变得更加像华人。我身上西化的成分更多，因为我父母和我说英语，媒体也讲如果你受的是英文教育，你将比受华文教育的人获得更多的声望。我的身体是华人的身体，但文化和心理不是。
>
> 女，20多岁，受英文教育，大学学历，学生

# 六、代际关系

我们的研究发现，老一代华人与年轻华人对于族群性有不同看法。老一代华人往往对他们的族群性根源非常自信。对他们来说，"地域"认同非常重要，他们在访谈中常常自称 teng-swa-lang（唐山人）或 tiong-kok-lang（中国人）。他们的族群性与地域感相连，族群边界是地理意义上的边界，地域认同意识与以下事实紧密相关：在中国出生，20世纪20年代从中国移民到新加坡，新加坡只是暂时停留之所，中国才是自己的祖国。许多老一代华人至今仍希望重返故里，回到中国，死后能够安葬在祖先住过的地方。

然而，老一代华人移民大部分以契约劳工身份来到东南亚，他们原是一群目不识丁的农民，他们的"家国"之感并不是建立在对悠久中国文化传统的熟知上，而是与"土地"（soil）或故乡相连。尽管他们也确实把华人性这一概念与"中国"或华夏文明相联系，但对到底什么是"中国"，他们的意识中并没有明确的界定。

我们在和一位在新加坡工作的中国人所进行的访谈中，看到了这种把中国作为"祖国"的意义所在。这位受访者就像19世纪和20世纪初来新加坡的第一代移民一样，他们心中有着强烈的漂泊感，希望回到中国。落叶归根的渴望，心系历史、传统和地域的情结像一种黏合剂，把华人连在一起：

> 对于华人来说，最重要的意识莫过于我们的历史。在华人看来，中国历史可以一直追溯到五千多年前。华人的认同就是这么一段漫长的历史，并不是语言。

华人认同的根基是中国历史，是历史使我们成为华人，是中国文化形成的华夏文明使我们成为华人。很久以前，我们的祖先来自中国。我们现在称自己是"新加坡华人"，但是往前追溯很长很长时间，你会发现我们的祖先是从中国来的。我们是黄皮肤。中国人说汉语，上学学习的也是汉语，几千年来，一切都没有变，世世代代都不变。我们的祖先有基因……传递给我们，所以我们是黄皮肤、黑眼睛。这就是为什么我们是华人。新加坡受到外国很多影响……但是，我们不能改变我们的出身——我们是彻彻底底的华人，这一点不可能改变……我们不能改变是因为我们的祖先来自中国。他们是真正的中国人——他们是我们的祖先。大家都知道很早以前……我们的祖先是中国人，一代一代延续下去直到我们这一代，这就是我们现在仍是华人的原因。我们不能改变这点，不能改变我们的祖先是中国人这一事实。因此，只有当我们祖先是白种人时，"为什么我们是中国人"这个问题才是一个我们应该考虑的问题……但是我告诉你，我们华人可以很自信地说自己是华人，因为几千年以前，我们的祖先就是黄皮肤的中国人，这些特征一代一代传下来，直到我们现在这一代。每一个人都有自己的历史……欧洲人也有他们自己的历史。

男，35 岁，受华文教育，大学学历，专业人士

这种把中国当成家、看成祖国的意识，是建立在地域和政治层面的族群性，但不管是受华文教育还是受英文教育的年青一代新加坡华人却不接受，"中国公民""中国政治"或"在中国发生的大事"并不能引起他们的兴趣，也不存在于他们对华人认同的界定之中。年青一代华人（特别是受英文教育的年青一代华人）中弥漫着文化迷茫和文化迷失感，引发了一股寻找族群认同标志的热潮；而受华文教育的华人就选择华语作为自己的认同标志。

然而，华文在新加坡却受到打击。受华文教育的华人目睹了讲英语的中产阶级的崛起，也看到了华校的相继停办，他们感到自己发展经济和受教育的机会被剥夺了，因此，我们必须同时将他们对华语的强调视为一种政治、经济和语言层面的问题。正是因为这个原因，许多受华文教育的华人宣称受英文教育的华人"不像华人"。

有意思的是，许多受英文教育的华人也认可这种论述，只是原因很不相同。大多数受英文教育的华人不会讲流利的华语，但是他们不认为自己比那些讲一口流利华语的人不像华人。然而，他们确实有迷失感：

我并不觉得自己不像华人，因为我说三种（中国）方言。我会刻章、玩中国乐器，因此我完全具备资格。我的另一面相当英国化，因为我在英国待过 3

年。西方的观念已经深入到了我心里，但新加坡也是我内在的一部分。我们不能否认，英国毕竟影响了新加坡180年。说西方文化都是颓废的并不正确，但是我有时候确实感到一些东西正在消失，一些东西（已经）失去。我在东方和西方之间进退两难。

男，25岁左右，受英文教育，大学学历，专业人士

与不是华人的人（尤其是会说普通话的非华人）交往时，或者在国外遇见中国台湾人或大陆人时，他们的缺失感和不完全感就会油然而生。当这种情况发生时，我们察觉到他们会马上开始理性化——坚持认为语言并不是身份认同的重要组成部分，或者他们会告诉我们一有时间就会学普通话。然而，还有一些人有优越感，觉得受华文教育的人发展经济机会和受教育机会很少，很可怜。

新加坡的非华人把能否说流利的华语作为界定华人性的一个标志。对许多局外人来说，除了血统（看不见的）和体质（变化的），华语也是一个明显的标志。

20世纪60年代和70年代，新加坡政府强调学习英语，认为英语是中立的语言，更重要的是，英文被认为可以促进国家科学的兴盛和社会的发展。但在80年代和90年代，政府转而强调学习华文，开展"讲华语运动"，建立特选（特别辅助华文中学计划）中学，把英语和华语都作为第一教学语言。官方的解释是新加坡华人越来越西化，华语将会抵御西方文化的冲击。

在新加坡，人们争论的话题不但是语言问题，还有语言在文化传承中扮演的角色。提倡讲华语的一派认为，要是不讲华语，华人的文化价值观就不可能（至少不可能完整地）薪火相传，这暗示了大多数受英文教育的华人不是纯粹的华人。另外，几乎所有受英文教育的华人都指出了解华语知识有用，但这并不是华人性的必要条件。在新加坡，何谓构成"华人"的必要条件仍是个具争议的问题。

# 七、小区的碎片化与抽离

那些曾经被称为华人小区的地方大部分已经消失。传统使然，再加上受英国殖民者政策的影响，华人从其他族群的小区中被隔离。他们以前通常聚居在特定的区域中，然而，快速的城市复兴与发展，加上政府的族群整合政策，基本上摧毁了族群间的物理边界，融合了各个小区。

在今天的新加坡，地域、语言和宗教已不再是所有华人的族群标志。这些因

素反而成为"认同"界定过程中的争议性（有时是自我矛盾）部分。随着时间的推移，族群认同的核心特征变得与体质、血统和宗族等赋予性特征紧密相连，这导致一种强烈的社会学意义上的边界意识，从而得以界定谁能成为华人、谁不能成为华人。"生为华人"的人尽管可能会被认为是次等华人，但不能变成"非华人"；其他种族的人即使接受"华人文化"，也永远不能成为或被接纳为华人。也正由于这种排斥意识和专利意识，尽管很多小区的物理空间正在逐渐消失，新加坡华人的小区却得以紧紧地连在一起（Rushdie and Grass，1987：52-64）。

华人族群性的碎片化表现在许多方面。关于什么是华人这一问题，存在着极为不同、多元和异质化的观点。在受华文教育的人看来，华语最重要；在受英文教育的人看来，孝道最重要；对老一代华人来说，把中国当成祖国的意识最重要；但在年青一代华人身上，我们看到"空间的抽离①——"中国"与"祖国"的概念对他们的华人性意识来说并不重要。他们在新加坡出生，已经没有祖籍意识，许多人从来没有去过中国，也不知道中国到底什么样子，去过的人对中国的评价也不好，认为那里落后、秩序混乱、不讲卫生。指出这一抽离过程是非常重要的，因为我们可以在同一个层次上界定新加坡华人的独特性，即他们是新加坡华人，与"大陆人""台湾人""香港人"相对应。同时，血缘和宗族使得新加坡华人可以与世界各地的华人产生认同和归属感。

抽离——这一概念在此极其重要。流行的主导做法错误地把对华人的界定与中国极其悠久的历史传统联系起来。然而，即使对于声称认同中国传统的新加坡老一辈华人来说，中国传统也是一个理想化的概念。对伟大文化"传统"的过度强调，可能是因为许多研究华人的学者是西方人，他们把华人理想化了，也可能是受过良好教育的中国人的自我神秘化。大多数海外华人都是农民和商人，他们确实有"传统"意识，但是充其量只能说是虚无缥缈的意识。

事实上，抽离发生在几个层次上以及不同的时间点和空间里。在一个层次上，个人从中国大陆、中国历史、文化、传统和遗产中抽离，失去地方感。在另外一个层次上，个人从新加坡本地小区中抽离。这种抽离在关于新加坡华人的统一与多样、共性与差异的论述和辩论中意义重大。在某种意义上，个人可以说"我是华人，他们也是华人，但是他们跟我是如此的不同"。随着时间的推移，自我会更加认同家庭与家庭历史，而不是小区或小区组织。认同已经变得越来越个人化、私人化，也可以称之为主观化。族群认同与个体自我相连的趋势日趋明

---

① "抽离"（disembedding）这一术语，被 Anthony Giddens（1991）用来形容现代机构（modern institutions）如何在几个主要方面与前现代（premodern）的文化及生活方式断裂。他提出现代性的特征，可以说就是时间与空间的分离以及社会机构的抽离，即社会关系既从本土情境中悬离，又在无数条时间和空间轨道的交错中重新诠释（re-articulation）。本文便是在悬离和分离的情境下使用"抽离"一语。

显，最后，自我认同与国籍分离。要想成为华人，并非必须先成为中国公民，华人可以是新加坡华人，既是新加坡人又是华人，严格说来是新加坡人，在族群上则属于华族。我们可以推测新加坡华人在国外就像那些来自中国香港、台湾以及美国或欧洲的华人一样，将会权衡是否要（以及重要与否）与他们的华人标签、与他们的国籍相连。因此，新加坡华人可以非常自由地表达他们与海外华人的异同点。这可能是他们最大的优势。

# 八、结论

新加坡的华人小区以前是同质的，现在则是异质的，这种假设可能很有问题。可以说，华人从一开始就不是真正同质，只是过去用以划分华人的因素现在发生了改变。过去，对华人团体的划分基于方言、本地性、地域、宗教、政治（亲国民党或亲共产党）和职业，现在则以语言、教育和宗教为主。也有可能过去有更多的变量把华人团结在一起，比如地域认同、文化因素或历史意识等，相比之下，今天的区分变量只有出身和血统。

出身或者血统，是以"家庭—个人"而不是团体为基础。现代社会的一个特点是个人主义逐渐强大，即使在族群认同这一问题上，我们也越来越依靠个人而不是团体，即依靠个人认同而不是小区认同、个体的一体感而不是文化的同构型。

我们可以将族群置于连续统（continuum）的不同点上，连续统的一端是自愿选择族群身份的人，另一端是根据先天给定的条件（出身）非自愿地确定族群身份的人。Horowitz（1985：55）提醒道："我们喜欢将出身和选择看作相互排斥的身份原则，但所有的制度都包含这两个成分。"泰缅边界的克伦族承认那些娶克伦族妇女为妻以及行为表现符合克伦族规范的外族人是克伦族人（Marlowe，1979）。通过族际通婚、结盟以及建立贸易关系，群体边界被打开，克伦族人因此受益（Lian and Ananda，1993：234-259）。另外，当马来人与非马来人通婚时，非马来人只有信仰伊斯兰教、学习马来语以及展演特定的伊斯兰仪式时才被当作是马来人（Smolicz，1981）。

这类根据特定文化能力的"自致特征"、文化手段进行族群融合的形式都不为华人接受，华人坚持以出身、血统和外貌作为划分族群的最重要原则，也是唯一的原则。年青一代华人经常被人们提及、争论的是"文化侵蚀"或"族群性漂移"，他们对传统文化知之甚少，所以就特别强调体质这一先天特征——或简言之，他们把族群性当成种族。按照这一极端逻辑，即使他们毫不了解华人文

化，他们仍是华人。然而，这一主要的初级的出生划分原则满足之后，次级的多元或多重族群性概念就产生了，这种族群性概念强调个人化的、自愿的和自治的表达。在以前，出身与选择、先天与后天一致。如今，这两者可能一致，也可能不一致。这一新的族群性，被叫作符号族群性（symbolic ethnicity）（Gans，1979）或滋生族群性（emergent ethnicity）（Yancey, et al.，1986），个人在自我展示和向他人展示时将会随个人意愿佩戴多副面具（Chan and Tong，2001：1 - 8）。

就不同的表现形式来说，族群性是一个变量（Cohen，1974；Yancey, et al.，1986；Alba，1990）。在任何时间点和空间，族群行动者都有"多重认同可供选择"（Rex，1987）。一张面孔（种族），多副面具（文化），或一副面具也没有。社会科学家必须认识到族群认同的本质是异质化、多元的，也是流动、不确定的。为了不与无事实根据的浪漫主义相混淆，我们需要指出这种族群（不管是不是华人）的可协商性是有所限制的，因为它仍然与出身这第一原则紧密相连，华人和非华人都一直强调这点。Nagata（1974）的情境族群性（situational ethnicity）严格来讲不适用于华人，新加坡的华人与其他地方的华人一样，不能随心所欲改变族群性（Clammer，1981：266 - 284；Lian and Ananda，1993：234 - 259）。把出身、外貌和血统设定为第一变量的时候，华人是不能改变自己的种族的。然而，我们在本文已经表明，族群行动者仍然有许多可以自由移动的空间，人类行动者仍然非常活跃、健康。现在的问题是，族群行动者是自由的还是不自由的，族群性是不自愿的还是自愿的？就新加坡华人这一个案来说，不是非此即彼，而是兼而有之，既不能协商又可以协商。过去的几年中，族群行动者的自由度确实有所增加，但依然不能忽略先天特征的限制。

**参考文献**

［1］ALBA R D. Ethnic identity：the transformation of white America. New Haven：Yale University Press，1990.

［2］ANG I. To be or not to be Chinese：diaspora, culture and postmodern ethnicity. Southeast Asian journal of social science，1993，21（1）.

［3］BARTH F. Introduction//BARTH F. Ethnic groups and boundaries. Boston：Little Brown and Co.，1969.

［4］BENJAMIN G. The cultural logic of Singapore's multiculturalism//HASSAN R. Singapore：society in transition. Kuala Lumpur：Oxford University Press，1976.

［5］BOCK G. The Jewish schooling of American Jews. PhD dissertation. Harvard University. Graduate School of Education，1976.

［6］ CHAN K B. The ethnicity paradox：Hong Kong immigrants in Singapore//SKELDON R. Reluctant exiles? Migration from Hong Kong and the new overseas Chinese. New York：M. E. Sharpe，1994.

［7］ CHAN K B. A family affair：migration，dispersal and the emergent identity of the Chinese cosmopolitan. Diaspora，1997，6（2）.

［8］ CHAN K B & TONG C K. Positionality and alternation：identity of the Chinese of contemporary Thailand//TONG C K & CHAN K B. Alternate identities：the Chinese of contemporary Thailand. Singapore：Times Academic Press；Leiden：Brill Academic Press，2001.

［9］ CHIEW S K. Ethnicity and national integration：the evolution of a multi-ethnic society//CHEN P. Singapore：development policies and trends. Singapore：Oxford University Press，1983.

［10］ CLAMMER J. Chinese ethnicity and political culture in Singapore//GOSLING L A & LIM L. The Chinese in Southeast Asia. Singapore：Maruzen Asia，1981.

［11］ CLAMMER J. The institutionalization of ethnicity：the culture of ethnicity in Singapore. Ethnic and racial studies，1982，5（2）.

［12］ COHEN A. Introduction//COHEN A. Urban ethnicity. London：Tavistock，1974.

［13］ FANON F. Black skin，white masks. London：Paladin，1970.

［14］ FISHMAN J A. Language and ethnicity//GILES H. Language，ethnicity and inter-group relations. London：Academic Press，1977.

［15］ FRANKE W. Problems of Chinese education in Singapore and Malaya. Malaysian journal of education，1965.

［16］ GANS H. Symbolic ethnicity：the future of ethnic groups and cultures in America. Ethnic and racial studies，1979，2.

［17］ GIDDENS A. Modernity and self-identity. Stanford：Stanford University Press，1991.

［18］ GOPINATHAN S. Language policy in education//AFENDRAS E A & KUO E. Language and society in Singapore. Singapore：Singapore University Press，1980.

［19］ HASSAN R & BENJAMIN G. Ethnic outmarriage and sociocultural organization//HASSAN R. Singapore：society in transition. Kuala Lumpur：Oxford University Press，1976.

［20］ HODDER B W. Racial groupings in Singapore. Singapore journal of tropical geography，1953（1）.

［21］ HOROWITZ D L. Ethnic groups in conflict. Berkeley：University of Califor-

nia Press, 1985.

［22］ISAACS H R. Basic group identity: the idols of the tribe//GLAZER N & MOYNIHAN D P. Ethnicity: theory and experience. Cambridge: Harvard University Press, 1975.

［23］KUO E & HASSAN R. Ethnic intermarriage in a multiethnic society// KUO E & WONG A K. The contemporary family in Singapore. Singapore: Singapore University Press, 1979.

［24］LEE K Y. Mandarin: lingua franca for Chinese Singaporeans speeches. Singapore: The Publicity Division, Ministry of Culture, 1978.

［25］LEE S M. Intermarriage and ethnic relations in Singapore. Journal of marriage and the family, 1988（50）.

［26］LEVI-STRAUSS C. The savage mind. Chicago: University of Chicago Press, 1966.

［27］LIAN K F & ANANDA R. The ethnic mosaic// EVANS G. Asia's cultural mosaic. Singapore: Prentice Hall, 1993.

［28］LIAN K F & ANANDA R. Race and ethnic relations in Singapore// TONG C K & LIAN K F. The making of Singapore sociology. Singapore: Oxford University Press, 2002.

［29］LYMAN S M & DOUGLAS W A. Ethnicity: strategies of collective and individual impression management. Social Research, 1973（40）.

［30］MARLOWE D H. In the mosaic: the cognitive and structural aspects of Karen-other relations// KEYES C F. Ethnic adaptation and identity: The Karen on the Thai frontier with Burma. Philadelphia: Institute for the Study of Human Issues, 1979.

［31］PAKIR A. Two tongues tied: bilingualism in Singapore. Journal of multilingual and multicultural development, 1993（14）.

［32］REX J. Introduction: the scope of a comparative study//REX J, et al. Immigrant associations in Europe. Aldershot: Gower, 1987.

［33］RUSHDIE S & GRASS G. Writing for a future// BOURNE B, et al. Writers and politics. Nottingham: Spokesman Hobo Press, 1987.

［34］SIDDIQUE S. The phenomenology of ethnicity: a Singapore case study. Sojourn, 1990, 5（1）.

［35］SMOLICZ J. Core values and cultural identity. Ethnic and racial studies, 1981, 4（1）.

［36］STOCKWELL A J. The white man's burden and brown humanity: colonialism and ethnicity in British Malaya. Southeast Asian journal of social science, 1982, 10 (1).

[37] TAN C B. Ethnic groups, ethnogenesis and ethnic identities. Paper presented at conference, meeting point of cultures: Macau and ethnic diversity in Asia institute cultural de Macau, Macau, 1993.

[38] TONG C K. Trends in traditional Chinese religion in Singapore. Singapore: Ministry of Community Development, 1988.

[39] TONG C K. The rationalization of religion in Singapore//BAN K C, PAKIR A & TONG C K. Imagining Singapore. Singapore: Times Academic Press, 1992.

[40] TONG C K & LIAN K F. The making of Singapore sociology. Singapore: Oxford University Press, 2002.

[41] TOPLEY M. Chinese religion and religious institutions in Singapore. Journal of the Malayan branch of the Royal Asiatic Society, 1956, 29 (1).

[42] TROCKI C A. Political structures in the nineteenth and early twentieth centuries// TARLING N. The Cambridge history of Southeast Asia (Vol. 2). Cambridge: Cambridge University Press, 1992.

[43] WEBER M. Economy and society. New York: Bedminster Press, 1992.

[44] WEE V. What does Chinese mean? An exploratory essay. Working paper 90, Department of sociology, National University of Singapore, 1988.

[45] YANCEY W, et al. Emergent ethnicity: a review and a reformulation. American sociological review, 1986 (41).

[46] YANG C K. Religion in Chinese society. Berkeley: University of California Press, 1970.

# 文化接触的概念模型和泰国华人的族裔特性

东南亚地区为学者研究族裔特性和族裔关系提供了一个丰富的社会实验室。在这一地区中，多种不同的族群共同生活在"民族国家"这个现代实体中。东南亚各国的人口概貌迥异。印度尼西亚有超过 300 个族群，所用方言几百种，华人在该国只约占总人口的 3%（五百万人）；而新加坡却有约八成人口为华人。在对少数民族和异教徒的态度上，东南亚各国的主流社会亦有显著差异。例如，占泰国统治地位的泰族，就声称已经将孟族、掸族、老族和华族同化进泰国社会，据说相同的情况也在菲律宾出现。与此相反，马来西亚和印度尼西亚却被贴上种族冲突和歧视少数民族的标签。

## 一、东南亚社会素描

毫不意外，为了解东南亚社会族群的多样性，大量观点、描述和概念涌现。最早的观点之一是"二元社会"，由荷兰学者兼殖民地官员 Boeke（1961）提出。Boeke 认为经济增长、贸易与商业的发展促使社会出现两个彼此隔离的部分：一个是贫困、欠发达的传统农业地区，另一个是西化、富裕、资本雄厚的城市地区。在东南亚社会中，马来西亚和印度尼西亚是两个典型例子。但是，Boeke 的模型似乎假定每个经济部门都是封闭、轮廓清晰和相互排斥的。此外，他没有将农村经济和城市经济的相互依存考虑在内。

缅甸的英国官员 Furnivall（1956）则提出了另一种不同的观点——"多元社会"（plural society）。他认为东南亚殖民统治正走向终结，有"本地人、华人和欧洲人这三个社会等级。三者比邻而居，但彼此隔离……在物质和经济领域体现得更明显"。在 Furnivall 看来，多元社会"包括两种或两种以上比邻而居的社会等级，统一于同一政治实体"。多元社会理论早在 1939 年就已提出，今天仍被广泛应用于解释东南亚的种族关系，特别是马来西亚、印度尼西亚和西印度社会。但是 Furnivall 所提出的模型和 Boeke 的模型有一个共同的缺陷，即对族裔、种族群体之间的划分过于严格。此外，Furnivall 的模型没有将权力关系、异族通婚和文化适应（acculturation）考虑在内，而过于强调单一社会中族群间的对立。

在 Skinner（1957a，1957b，1963，1973）看来，泰国正好验证了 Furnivall 模型的缺陷。Skinner 发现，大多数华人移民的后裔已经和泰国的主流社会融为一体，与本地人基本上没有差别，其同化程度之深使得第四代华人几乎消失。许多西方和中国观察家之所以会高估泰国华人的数量，一部分原因在于未意识到华人受同化的程度，"他们注意到庞大的华人移民，但是没有看到每一代华人中都有很多人已经融入泰国社会"（1963：2）。此外，Skinner 认为，曼谷华人小区坚持华人文化，是中国移民组成的华人社团推动的结果，并不表示华人具备特有的不变性（1963：4－5）。一个半世纪以来，在其他条件基本相当的情况下，泰国华人以相对平缓的速度被同化，其同化速度丝毫不亚于欧洲移民融入美国社会的速度。他认为："我们可以说中华文化和泰文化的相似性是华人和泰人之所以同化的重要前置因素，泰国的文化内涵与中国东南部省份的文化内涵有很多相似之处，例如，两个民族喜欢的主食都是米饭、鱼和猪肉。泰人信仰的小乘佛教，对一向信仰大乘佛教的华人来说也不会很难接受，因此宗教信仰也不会阻碍两者之间的社会交往和文化亲善。此外，泰人和华人之间的体貌差异也相对较小。"（1957a：238）

在和爪哇华人同化模式的比较中，Skinner 挑选出对泰国华人同化起主要影响的一些因素。他认为，泰国在历史上未受过殖民势力的直接征服，泰人对其优秀传统感到骄傲。因此，泰国文化的活力和连续性吸引华人，促进了同化的进程（1973：399）。

Skinner 同时指出，泰国华人能在泰国自由居住和迁徙。他注意到，"在曼谷城郊各处新定居点中，可以发现华人与泰人混成居住，邻里并无隔阂，甚至那些华人是户主的家庭也搬到这样的郊区。这种居住模式的变化有利于华人和泰人发展社会关系"（1973：311）。此外，泰国华人可以自由选择华人或泰人认同。同化加速的原因之一，是泰国为华人提供"结构信道"（structural avenues），有助于也鼓励了华人融入占统治地位的本地文化之中。除特定时期之外，泰国政府均对华人持友好态度，并采取同化政策，这反映在教育和经济政策上。Skinner 指出，早在 1898 年，泰国政府就采取了一项国家教育规划，积极谋求将华校整合到国民教育体系中。

在经济层面，华人在泰国扮演着非常关键的角色。泰国需要华人移民提供农业、船运和贸易劳动力。Skinner 指出，泰国的情况与爪哇有所不同，在泰国，大量移民意味着华人遍布泰国社会的各阶层，有助于促进或至少没有阻碍华人同化。此外，华商本身也认同泰国的统治和管理精英群体都是泰人这个现实。泰国领导人也提倡给予华人移民公民权，并修改 1913 年的《国籍法》，"根据政府对华人的开明政策，所有在泰国出生的人自动获得泰国国籍"（Skinner，1957b：250）。

Skinner 提到，这些措施使泰国华人确信泰国对其有所需求，也带给他们安全感。因此，中华文化开始向泰国文化靠拢，华、泰两种生活方式之间的距离渐渐缩小了。截至 20 世纪 50 年代，华泰两族行政上的差别基本被消除。华泰混血儿长大成为泰人，华人变得越来越像泰人。第一代和第二代华人或许更倾向于中华文化，但是 Skinner 断言，第三、第四代华人从各方面看都与泰人并无二致。

研究泰国华人的学者都沿用 Skinner 的范式，其观点被广为接受，以至于今天大部分人提到泰国，都会认为这个国家的华人已经被完全同化，没有族群关系问题。例如，Amyot（1972）和 Ossapan（1979）都声称，泰国政府的政策和正规华人教育的缺乏，同时导致泰国华人被同化。他们泛化的观点得到许多研究泰国华人的学者的支持。Skinner 对于东南亚华人研究的贡献毋庸置疑，但若全盘接受其观点，则不利于我们理解泰国华人。Cushman（1989：225）评论道："G. William Skinner 两卷本的论文……堪称东南亚华人研究最有影响的著作之一……为华人史的撰写树立了一个标准。"Skinner 的贡献不可低估，但是他的结论在 20 世纪 60 年代得出，当时正值冷战，融合的观点不仅是一种理论上的可能，同时也是政治上的渴望，特别是从忙于管理"华人问题"的东南亚各国政府的角度来看，更是有政治上的考虑。然而，我们提出的有力的经验证据表明，Skinner 及其他学者的观点需要被重新审视。

在我与唐志强合编的 *The Ethnic Chinese of Thailand：Special Issue for Southeast Asian Journal of Social Science* 和《身份交替：当代泰国华人》（*Alternate Identities：The Chinese of Contemporary Thailand*）中，Walwipha（1995，2001）的论文试图探索泰国华人认同的本质，质疑"华人"和"泰人"的标签，认为"华人"和"泰人"都不是同构型的群体。由于历史和结构，什么是"华人"和"泰人"总是被不断地界定和再界定。Amara（1995，2001）也在其关于中泰关系在泰国发展意识形态（development ideology）中的作用的研究中，将华人看成一个动态的而不是静止的概念，她指出华人大规模地被同化所引发的一些重要后果。Bao（1995，2001）在对泰国婚礼仪式的研究中，同样提出"华人性"这一标签的问题。基于对 Skinner 的批评，她主张中泰认同上的代际差异和阶级利益之间是有关系的，因此从阶级角度来分析族裔特性和族群关系十分重要。最后，Supang 和 Somkiat（1995，2001）在其对曼谷的海南人学校进行的个案研究中，指出两种文化的混合并没有导致同化的出现，而是产生了一种新的华人认同，这一认同既异于他们祖先的认同，也异于泰人的认同。

## 二、国家、华泰经济联盟和仪式

要理解泰国华人，就必须把国家和民族政策考虑在内。Anderson（1978：212–214）认为："泰人垄断国家的话语权，无人能提出异议。泰国，这个现在以曼谷为统治中心的国家称号，是 20 世纪 30 年代末期銮披汶（Phibunsongkhram）统治下投机沙文主义（opportunist chauvinism）的产物，这个称呼只不过是个符号……我们注意到历史学家 Jit Phumisat 的最后一部著作，正是通过展示泰人自身多样的起源及其与其他族群密切的互动，去抨击泰人的沙文主义。"Walwipha（1995，2001）认为华人的社会地位和族裔认同主要由国家决定。在回顾泰国政治变迁的影响和华人对于这些变迁的反应之后，她提出，华人表面上的疑似同化（seeming assimilation）是出于经济上的考虑，而不是真正的文化变迁。Amara（1995，2001）和 Pannee（1995）同样批判性地检验了国家在同化华人中扮演的角色。在对泰国华人作为少数族群如何垄断大米贸易这一问题的考察中，Pannee 提出一个重要问题：族裔认同与泰国华商的经济策略、经济成就到底有没有关系？她的解释中有一部分提到泰国政权为发展经济而意图招揽华人资本。像 Pannee 一样，Walwipha（1995，2001）指出，在 20 世纪早期，虽然华人缺乏政治权力，但泰国政府却十分依赖华人的经济资源和科学技术。Supang 和 Somkiat（1995，2001）则考察了泰国政府在不同时期对华文学校的不同政策，以及华人小区对这些政策的反应。例如，当国家减少学校教授华文的时间时，许多父母就会请家庭教师来给孩子补习华文，或干脆把子女送往中国香港或新加坡的华文学校。

另外一个重要论点，即泰人精英与华人之间的互补关系，前者掌握政治和行政权力，后者则拥有资本和技术。Amara（1995，2001）比较详细地描述了一些华人银行家和泰国将军之间的同盟关系（这一观点并不新颖）。Pannee（1995）也提出泰国华人之所以能够在大米贸易中取得成功，其中一个重要的原因是他们与泰国的军、政精英建立了密切关系。与那些认为华人移民是局外人的传统观点正好相反，Pannee（1995）认为华人和泰国精英以及欧洲代理们都建立联系，而且还与泰国农民维持着长期的社会、经济网络，因此华人能以"局内人"（insiders）的身份在泰国经济中发挥作用。至此，我们可以明显看出，从阶级角度研究泰国华人不仅是有用的，而且是必需的，但以前的研究常常忽视这一点。Walwipha 和 Amara（1995，2001）的论文意图考察建立在不同阶级基础上的华泰关系。Bao（1995，2001）的论文也证明在华人商业精英和泰国官僚复杂的互补

关系中，族裔特性与阶级之间的关系是动态的。

上述学者对华人在泰国经济生活中所扮演的角色均感兴趣，但是，他们并非仅止于讨论华人对泰国经济的贡献，或是泰国对华人的歧视，而是更深入到华人和泰人之间的协商过程，并且不约而同地从历史视角来研究和考察此过程，同时把华泰之间的经济联系与泰国社会的政治状况相结合。这种研究角度的新颖之处在于他们综合整理了泰国华人为巩固其经济地位而采取的种种策略。这些论文也尝试解释华人的族裔认同感和华人小区如何及为何能够促进相关的经济成就。比如，Pannee（1995）强调历史悠久的中华文化价值观，比如勤奋、实利主义、儒家学说等，被华商利用为商业策略。

Bao（1995，2001）的论文与上述各人的研究途径稍微有些不同，但资料更翔实。她借着研究仪式的象征意义来理解"华—泰"认同感，特别是针对现代泰国婚礼进行观察，她指出，华人运用不同的仪式资源（ritual resources）来建构一种整合的混成认同（integrated hybrid identity），这种认同同时包含泰国佛教和中国儒家文化的基本元素，创造出泰国华人独有而综合的伦理或道德规范，为"华—泰"认同的建构奠定了基础。Bao同时提到，泰国华人使用三种自我认同的模式：血缘与姓、方言差异和符号性的亲属称谓术语。这几种标准的不同应用，造成"华—泰"认同的代际差异。此外，Amara（1995，2001）也注意到华人和泰人对待彼此的态度有城乡差异。

# 三、同化、族群延续和混成

族裔特性并不是静止、固定不变的，而是处于不断转变、调和、协商的过程中。此外，人们在不同的情境下会采用不同的认同。一旦承认族裔特性的异质性和多元性，在某种意义上讲，问题不在于华人是否被同化，而在于在何种情境、何种历史和经济环境下，华人会将自己视为并表现为华人、泰人、泰国华人、华泰皆是，或者其他身份的人。

从理论和经验上再思考泰国华人这个课题，有几点主张需要提出。第一，针对泰国华人的研究仍然需要引入一些新的概念，以求在 Skinner 的同化论观点之外有另外一种论述，种族与族裔关系学也需要建立创新的理论。第二，在方法论上，我们既需要将华人作为群体来观察，也需要把他们作为个人来了解，需要认识他们在与同类、与"他者"（others）的日常社会交往中如何行动。社会学家需要从更广的角度来收集在自然状态下，展现不同族裔接触、混合、交织、交叉、混合过程中的"族裔关系情境"（ethnic relations situations），这是日常生活中族裔之间的一种现象学和人类学的反映。人类行动者坚持不懈地在日常社会交往中使用无数策略来满足自身需求（Whitten and Whitten, 1972）。第三，鉴于以上的理论和方法，我们认为不能将同化看作是华人变为泰人的一种直线、单向、线性的过程。同化其实是个双向过程，长此以往，华人会变得像泰人，而泰人也会变得像华人。这一过程强调文化接触的双向、互惠、多维、多向度、综合特性。文化接触本身就是一出错综复杂的人类戏剧（human drama）。第四，我注意到当代泰国华人族群性那种坚韧的维持和延续。族群刻板印象往往把华人等同于商人阶级和富人，区隔华人和泰人，延缓同化。事实上，华人也不可避免地因族群性而遭受负面对待，时常被提醒他们注定无法登堂入室，这是先天由血统、出身决定的，不为人力所转移（Gray, 1988：4）。而华人家长也一再告诫他们的子女在与泰人交往时保持谨慎。

虽然族群间的商业联盟关系在本质上是互利互惠的，但这种关系并不稳固，需要不断微调。华人大多处于政治弱势的依赖状态，以其资本、技术和商业智慧换取社会声望和泰人的庇护。将华人完全同化进泰人的政治和管理精英之中，会引起角色重叠，更糟糕的是引起角色替换，从而威胁到泰人的利益。在实践中、观念上，华人性（Chineseness）变成用来交换的商品——因为华泰两族的共同需要而得到精心保护。如果华人变成泰人，就会同时威胁到华人和泰人利益。如此看来，同化在理论和实际上都有问题，族裔性的消失亦然，当其发生时需要更多解释。

单向度、线性的同化理论有三个问题（Pornchai, Chan and Tong, 1995）：首先，从理论上来讲，华泰之间的影响是双向的，不能简单地说华人被泰国文化或泰国社会同化。泰国的文化及其社会结构同样也受华人元素影响，特别是泰人在商业利益的认同上变得越来越像华人，他们在商业交易中也经常模仿华人的行为模式、套用华人社会组织的运作方法。

其次，文化与社会现代化是可能实现的。近年来，在现代化和工业化过程中，华人和泰人均暴露在外部的西方文化元素（也可以称之为全球元素）之下。华泰两族之所以变得越来越相像，不仅仅因为华人被泰文化同化，还因为两者都在某种程度上被共同的、全新的文化和社会环境所同化。正如 Bao（1995, 2001）观察所得：西方的影响跨越了族群和阶级界限。西式的消费主义、消费者文化与阶级地位间的相互关系，在19世纪中叶泰国资产阶级最初形成时期就开始出现，到如今已深深嵌入泰国的社会结构和秩序里。Amara（1995, 2001）因此将这一进程解读为：华人和泰人皆在适应泰国政府发展民族资本主义的意识形态，所以他们彼此之间越来越相像。这是一个两种不同文化进化为一种共享文化的过程，也许是介于两者之间的第三文化地带，是两种文化共同暴露在第三种全

球性力量（资本主义和消费主义）的强势混同效应之下的结果。

最后，族群内部也具有多样性和异质性。尽管华人和泰人相互间的族群刻板印象强调和突出群体内的相似和群体间的差异，但实际上他们的族群性不是铁板一块。对大多数普通的泰人来说，族裔特性这个概念太抽象，难以阐述。在泰语里，"族群性"这个词有很大问题，似乎没有相对应的词汇。泰国人类学家所使用的最接近族群性的词汇是 Chaad Phalli（出生种族），但只有学者能懂。对老百姓来说，族群性这个概念仅能用几个分开的词汇去描述，如 Chya Chaad（族）、Phaa Saa（语言）、Caariid Themnian（传统和/或习俗）等。今天的泰国，除了南部地区，主要有三个泰人亚族群：中部地区的暹罗人、东北部地区的老挝人、北部地区的 Khon Mung 人（这一亚族群还可以划分成更多、更小的文化群体）。在这些亚族群中，每一个族群都拥有自己独特的身份认同。这些亚族群由于战争或经济原因进行地理迁移，已经重塑了这些地区的文化边界，并且使泰国由一个分崩离析的社会，变为一个拥有不同亚族群和各种文化标准的多元文化社会。概括而言，泰人似乎没有一个统一的、整体的族群概念。

对于华人而言，他们的族裔特性并非建立在共同的文化或情感之上。泰国华人的族裔特性源于各种历史背景、不同的方言群体和多种文化实践形式，虽然大多数人仍将自己视作"华人"。在同一方言群体内的华人之间，不同代际有不同的文化解读，致使他们的文化实践也各有变化，具有多样性和异质性。正如事实所示，无人敢说华人被一种单一的泰国文化实践模式同化，也无人敢说所有华人在与泰人的交往中都遵从同一种文化模式。

在批判经典的同化理论的同时，我们当然不能忽视一种"华—泰道德观"（Sino-Thai morality）正被建构。正如 Bao（1995，2001）指出，这一新兴的综合体即"中国儒教和泰国佛教的一种结合，影响他们的族裔认同"。其结果是，这种新型道德观由两种影响所塑造：一者来自华人的历史文化渊源（尽管已经过对泰国社会的适应），一者来自华人当下生活与扎根的泰国社会（同时亦是他们在个人及集体层面共同努力改善的社会，一个待持续完善的理想国）。Bao（1995，2001）在"华人—泰人"结婚仪式研究中发现，这两方面的影响已经"深深交缠，无从分割"。

族裔特性是在居留国社会中被呼召、有时是被"制造"（manufactured）的概念，而非从迁出国进口或移植过来（Chan，1994；Chan and Ong，1995）的。虽然移民来到居留国时带来"原初"文化，形塑他们最初的行为，但显著地形塑他们长期适应模式的，却是居留国的结构条件。Yancey 等（1976）的"滋生族群性"（emergent ethnicity）概念，就是对这种情况的一种适当描述。长远来看，移民文化和族群性很少从迁出国被原原本本地移植过来，而是移民在发掘族裔优势与适应结构限制的过程中不断生产和再生产、不断解构和重构。移民的族群性实际上是在努力转化为结构性的族群性（Bal，1991：34）。

这里引申的是两种或两种以上文化的综合体——借着联合、整合的过程，但又不完全将所有群体混一（homogenize）（Chan and Tong，1993：147）。Glazer 和 Moynihan（1970）最先强调，在族群间的交流中，整合具有过程性、新兴性和变革性的特征，Femminella（1961）随后用"碰撞"（impact）这个概念来阐述"不断地碰撞（两种或多种文化）而导致被迫性的接触……"Postiglione（1983：22–23）指出，"一种新的综合体在影响和整合的过程中进化出来，它赋予发展中的民族国家一种新的意义和重要性"。这种文化联系的巨大力量催生了一种富有创意、具适应能力的、可转化的族群性，一种新的融合主义（syncretism）。

# 四、构建文化接触和族群性的概念模型

上述讨论已为我们提供了建构概念模型所必需的理论素材，用这个模型可对泰国华人（也可以对泰人）的族群性和认同进行充分的综合、分析。该概念模型包括五个互相交织的要素：第一，差异的华人族群性，或可称之为"差异的华人性"（differential Chineseness）。第二，"差异的泰人性"（differential Thainess）。前两个元素皆源于地理、代际、阶级、宗教、语言和性别上的差异。第三，全球文化、贸易流动和跨国主义——此三者至少体现于三个层面：①资本主义、消费主义与物质文化；②拥有大量众多联络交际网络、超越政治和地理边界的海外华人；③快速增长的中国经济（以及相应地，再度受重视的中华文化）。第四，国家层次的政治性社会化（例如以行政手段迫使族群本地化）以及泰国公民权和国家观念的构建。第五，地方地理、历史和风俗的影响——由此整个泰国上上下下共同产生一个公民认同感（Pornchai，Chan and Tong，1995）。

这个概念模型勾勒出文化联系发生的轨道，特别注意华泰两种文化之间动态互动的合理性，以及两者之间的互惠影响。在全球文化、民族文化和本地文化之间，在宏观、中观和微观层面上都发生互动，彼此影响。更为重要的是，概念模型明确承认并允许看似矛盾的力量（例如共性与差异、全球化与本土化、全球—跨国性与原生—本地、同质化与差异化、民族整合和族群维续等）得以共存，如是者，各种力量之间的紧张状态，以及用以化解此种状态的策略，也得到承认和允许。概念模型将族裔认同视为一个具有张力、复杂、互动的动态过程。族裔认同具有滋生、演变的特征，它发生在自我与他人互动、多个不同层次的情境之下。华泰族群性及认同是一种新的结构，有如一件新型魔方（Rubik's cube），我

们需要认真考虑范围更大但还很少被人知晓的因素（如中国、海外华人和跨国主义），以及依托于社会文化和经济现状、由国家至地区乡村层面的"华人—泰人"关系带来的同化和整合作用，这是一种关于共享地理、历史、国籍、公民身份的人类学（Pornchai，Chan and Tong，1995）。

虽然，上述概念模型有助于我们理解发生在多个层次、由多种力量（有时是互相抵触的力量）所形塑的族裔现实，但它也有许多矛盾之处。不同文化、不同群体之间的接触既可能促进整合，也可能导致分裂；既创造合作和融合的条件，也埋下矛盾和分化的伏笔。之所以如此，部分原因在于共存的不同群体在强化彼此共性的同时，也突出了彼此的差异。同样地，虽然全球文化使群体间的差异均质化，但每个群体总是不断尝试借着运用认知、选择和过滤等社会心理机制，以独特的方式对全球文化进行本土化和吸收。本地文化努力主导在什么时候、以什么形式被全球文化同化，因此，出现了同化与本土化、共性与差异之间的矛盾（Roberts，1992）。同质化的企图并不一定带来相应的过程，更不一定导致结果。就连"同质化"的英文homogenize在不同的地方也有不同的读写方式。即使正当华、泰两族由于共同的地理历史渊源，而在地区和村庄层次上开始努力塑造共同的公民认同时，或由于他们都参与了政治性社会化过程和国家观念的构建而开始努力塑造身为泰国公民的国家认同时，我们也不能忽视与上述趋势相对抗的另一强大力量——因中国经济崛起及海外华人经济体系日益重要而带来的再中国化（尽管有人不断标签华泰之间只有商业利益的关系）。族群认同总是在变化，在社会学家的研究中，总要经常面对新的族群性。

经过如此建构，这个概念模型与传统的同化假设相去甚远。我们把关于种族形成中扩张及收缩的过程的分析置于一个更宽更广的领域，有利于更好地理解种族间的共存及其张力。这种共存和张力一方面使彼此相似，另一方面又维持彼此的差异。族群认同的产生，经常就是消除既要"保持自我"、又要"变成他人"的矛盾和张力的过程，或者，经过时间的洗礼，创造出一个"第三文化空间"、一个边缘的区域、一个共享的小区，让彼此能分享、交流、合作以及"齐心协力"（do things together）。在泰国，这种"第三文化""第三空间"，是不同文化相互借鉴的结果，也是多种形式双向文化交流所产生的结果，同时也是混成（hybridization）的结果，就如Ang（1993：13）所描述的，"两种文化碰撞带来的新的文化形式——在建设性和创造性的融合中产生的混成文化形式"。

在泰国，中产（或更上层的）阶级的华人、第三和第四代华人中的专业人士和商业精英的族裔认同和文化认同来源于华人文化和泰国文化（以及这两种文化的各种变体）、本地文化、国家文化、全球文化以及跨国文化。虽然在当代泰国，华人的认同来源已经多元化，但仍然可以不时看到有些华人对华人族群性和情感的坚守。泰国华人继续将自己当成华人并仍保持族群性和思想意识，许多时候，他们可能会采取美国的韩国移民所采取的"附加性或黏合性社会文化适应"（additive or adhesive sociocultural adaptation）策略，这一概念由 Hurh 和 Kim（1984）提出，其主要含义是，虽然韩国移民在文化上和社会上被吸收进居留国社会，但"这种同化不能替代或削弱韩国传统文化和社会网络的任一重要方面"（1984：190）。Spivak（1990）称之为"策略性的本质主义"（strategic essentialism），属于某一族群的个人拥有一种主要的、核心的种族认同，一个内在的自我（Lebra，1994），一个固定、经过最佳培养、只在私人领域表达的自我，这是个人主要的族裔认同，是"人生关注点的中心"（Dubin，1992）。除此之外，个人还有一个次要的族裔认同，一个 Goffman 式的"表演性的自我"（Lebra，1994），这是一个变量，能否获得这个变量在人类学意义上则令人怀疑。与主要的族裔认同一样，表现性的自我需要人们去获取、内化、培养、展示以及确认（Chan and Tong，1993：146）。正如 Nagata（1991）所指出的，在任何地方，现代男女"无论是华人还是其他族群，必须在所处的社会里同步管理自己的身份、地位和关系"（1991：277）。他们根据情境调用身份认同，借策略平衡以上多重认同，为自己提供更多的选择——扩大自己的"自由程度"。在细心思考族群性的过程中，他们拥有更多选择。像 Lifton（1970）所描述的应变人（Protean man）一样，他们在不同戏剧舞台上戴着不同面具，"舞台表演"是他们最在行的（Tong and Chan，2001）。在某种重要意义上讲，这一"挑选"族群性（或者将它称为符号性族群性）的过程本身，就是促使"差异化华人性"（differential Chineseness）出现的一个有力导因，一个在泰国内外、在东南亚、在全球华人群体间都能观察到的异质性和多样性的有力导因。

当泰国华人作为一个少数族群而最终摆脱其旅居者身份，开始从移民特性转变为结构族群性时，学者就不应该再把华人看作永远在外面注视着泰国社会的局外人，而应视其为泰国社会中重要的、不可分割的组成部分。也许现在更适合将其称为"泰国的华人"（Chinese of Thailand），而不是"在泰国的华人"（Chinese in Thailand），后者包含暂时旅居的意味，与之相对照的是前置词 of，意味着归属、联系和包容。从今以后，将来的学术研究关注焦点会变成泰国或泰国社会，华人则深嵌其中，因而分析的焦点不再是华人和华人小区。从上述意义上讲，要想认识泰人，就必须认识华人以及任何与泰人有联系的族群。事实上，我们在此提供了社会形成的另一种选择模型，这一模型致力于权力协商、冲突化解以及文化的融合、整合和包容。以一个模型而论，似乎能有效补足"主流少数族群"的关系范式，此范式在本质上意味着相互对抗、分裂，已经主宰了种族和族裔关系的研究领域太长时间了，也主宰得太完全了。

## 参考文献

［1］ AMARA P. Chinese settlers and their role in modern Thailand. Southeast Asian journal of social science, 1995, 23 (1).

［2］ AMARA P. Chinese settlers and their role in modern Thailand// TONG C K & CHAN K B. Alternate identities: the Chinese of contemporary Thailand. Singapore: Times Academic Press; Leiden: Brill Academic Press, 2001.

［3］ AMYOT J. The Chinese and national integration in Southeast Asia. Institute of Asian studies monograph. Bangkok: Chulalongkorn University, 1972.

［4］ ANDERSON B O G. Studies of the Thai State: the state of Thai studies// AYAL E. The study of Thailand. Papers in international studies. Athens: Ohio, 1978 (54).

［5］ ANG I. To be or not to be Chinese: diaspora, culture and postmodernist ethnicity. Southeast Asian journal of social science, 1993, 21 (1).

［6］ BAO J M. Sino-Thai identity: married daughters of China and daughters-in-law of Thailand. Southeast Asian journal of social science, 1995, 23 (1).

［7］ BAO J M. Chinese settlers and their role in modern Thailand// TONG C K & CHAN K B . Alternate identities: the Chinese of contemporary Thailand. Singapore: Times Academic Press; Leiden: Brill Academic Press, 2001.

［8］ BOEKE J H. Indonesian economics. Hague: W. Van Hoeve, 1961.

［9］ CHAN K B. Migration, dispersal, and identity: the new ethnic Chinese. Paper presented at symposium on the Chinese traditional culture and family changes in the Chinese communities, sponsored by the Hong Kong Women Foundation, 1994.

［10］ CHAN K B & ONG J H. The many faces of immigrant entrepreneurship// COHEN R. Cambridge survey on world migration. Cambridge: Cambridge University Press, 1995.

［11］ CHAN K B & TONG C K. Rethinking assimilation and ethnicity: the Chinese in Thailand. International migration review, 1993, 27 (101).

［12］ CUSHMAN J W. The Chinese in Thailand//SURYADINATA L. The ethnic Chinese in the ASEAN States: bibliographical essays. Singapore: Institute of Southeast Asian Studies, 1989.

［13］ DUBIN R. Central life interests: creative individualism in a complex world. New Brunswick: Transaction, 1992.

［14］ FEMMINELLA F X. The impact of Italian migration and American Catholicism. American catholic sociological review, 1961, Fall.

［15］ FURNIVALL J S. Colonial policy and practice. New York： New York University Press，1956.

［16］ GLAZER N & MOYNIHAN D P. Beyond the melting pot. Cambridge： MIT Press，1970.

［17］ GRAY C E. Empires beyond kingdoms： the Thai buddhist king and his Chinese bankers. Paper presented at conference . Divine rulers： sustainment，succession，transformation and revolution in cross cultural perspective. New York University，1988，28 September － 3 October.

［18］ HURH W M & KIM K C. Adhesive sociocultural adaptation of Korean immigrants in the United States： an alternative strategy of minority adaptation. International migration review，1984，18（2）.

［19］ LEBRA T S. Self in Japanese culture// NANCY R R. Japanese sense of self. Cambridge： Cambridge University Press，1994.

［20］ LIFTON R J. History and human survival. New York： Random House，1970.

［21］ NAGATA J. Local and international networks among overseas Chinese in Southeast Asia and Canada// BRUCE M. Quality of life in Southeast Asia. Canadian Council for Southeast Asian Studies，1991，20（1）.

［22］ OSSAPAN P. The Chinese in Thailand// DHIRAVEGIN L. Reader on minorities in Thailand. Bangkok： Phraephittaya，1979.

［23］ PANNEE A. Chinese traders and Thai groups in the rice business. Southeast Asian journal of social science，1995，23（1）.

［24］ PORNCHAI T，CHAN K B & TONG C K. The past，ethnicity and civic identity： Chinese-Thai relations in a market town of Thailand. Unpublished manuscript，1995.

［25］ POSTIGLIONE G A. Ethnicity and American social theory： towards critical pluralism. Lonham： University Press of America，1983.

［26］ ROBERTS M. "World music" and the global cultural economy. Diaspora，1992，2（2），Fall.

［27］ SKINNER G W. Change and persistence in Chinese cultures overseas： a comparison of Thailand and Java// MCALISTER J T. Southeast Asia： the politics of national integration. New York： Random House，1973.

［28］ SKINNER G W. The Thailand Chinese： assimilation in a changing society. Lecture presented at the Thai Council of Asian Society，1963.

［29］ SKINNER G W. Chinese society in Thailand： an analytical history. Ithaca： Cornell University Press，1957a.

[30] SKINNER G W. Chinese assimilation and Thai politics. Journal of Asian studies, 1957b (16) .

[31] SPIVAK G C. The post-colonial critic, Sarah Harasym. New York: Routledge, 1990.

[32] SUPANG C & SOMKIAT S. Preservation of ethnic identity and acculturation: a case study of a Hainanese school in Bangkok. Southeast Asian journal of social science, 1995, 23 (1) .

[33] SUPANG C & SOMKIAT S. Preservation of ethnic identity and acculturation// TONG C K & CHAN K B. Alternate identities: the Chinese of contemporary Thailand. Singapore: Times Academic Press, Leiden: Brill Academic Press; 2001.

[34] TONG C K & CHAN K B . One face, many masks: the singularity and plurality of Chinese identity. Diaspora, 2001, 10 (3), Winter.

[35] WALWIPHA B. Chinese indentity in Thailand. Southeast Asian journal of social science, 1995, 23 (1) .

[36] WALWIPHA B. Chinese indentity in Thailand// TONG C K & CHAN K B. Alternate identities: the Chinese of contemporary Thailand. Singapore: Times Academic Press; Leiden: Brill Academic Press, 2001.

[37] WHITTEN N E & WHITTEN P S. Social strategies and social relationships// SIEGEL B I. Annual review of anthropology. Palo Alto, CA: Annual Review Inc. , 1972.

[38] YANCEY W L, ERICKSEN E P & JULIANI R N. Emergent ethnicity: a review and reformulation. American sociological review, 1976, 41 (6) .

# 跨境与散居

# 认同、族群特性与散居：
# 泰国、新加坡两地华人研究

在本文之始，我想先谈谈一些个人的经历。社会学家很少作比较研究，在过去二十多年里，我却碰巧获得了这样的运气，有机会对泰国、新加坡华人展开实地研究。自从 1987 年由加拿大来到东南亚后，泰国就成为我的研究对象，那里的华人在经济意义上讲是一个重要的少数群体。在东南亚，华人作为多数群体的唯一地方，就是新加坡，我在那里教学 14 年。我出生于中国内地，在香港长大，而后于 1969 年远赴加拿大读大学，后在 2001 年返回香港。1980—1987 年，我发表了关于加拿大华人的若干著作（Chan, 1983, 1987; Chan and Helly, 1987, 2000）。过去的十年里，我出版了三部书，分别讨论泰国华人（Tong and Chan, 2001）、华人商业网络（Chan, 2000a）和新加坡的社会史（Chan and Tong, 2003）。某种程度上，关于华人身份认同和华人商业网络的两股研究已经臻于成熟，都在探究"华人散居""身份认同""族群性""华人性"这些概念。写本文，正好让我思考两地的华人经历，对后现代世界里"华人是什么"进行概念化论述时，我希望在批评已有方式的同时，也能提供可变通的方法。我对"海外华人"（Chinese diaspora）这个术语不太满意，却尚未能找出一个贴切的可替代的词汇。对这个术语，我时常疑惑，它是否意味着人们背着自己的房子和家，生活在一个变迁的"第三地带"，"在那里话语变得苍白无力"（Alexander, 1999），在语言失效的时候，做个"无名氏"或许是最好的选择。

# 一、泰国

在早期尝试研究和反思泰国华人个案时（Chan and Tong, 1993, 1997），我曾经提出若干主张。我在前文已对这些主张做了比较详细的解释，在这里只做一个简单的总结。首先，我强调不但需要就 Skinner 的同化论断（Skinner, 1957a, 1957b, 1963, 1973）提供另类的选择，同时也要为种族和族裔关系学不断建立创新的理论。其次，社会学的分析焦点应该集中在华人的日常社会交往和行动中，透视华人作为群体及个人时，怎样与"自己人"及"他者"互动。社会学

家需要在一个范围广阔、自然呈现的"族群关系情境"里抽样（Lal, 1990：164），人类行动者通过在日常社会交往中试验多种战略，持续满足自己的需求。再次，我们认为不能将同化看成是一种从华人变成泰人的单向的、线性的过程，相反，它是一个双向的过程，会让华人有点像泰人，也会让泰人有点像华人。这一过程具有突显的双向、互惠、多维、多向、融合的文化联系特征，可以说它本身就是一幕错综复杂的人间戏剧。最后，我注意到华人族群特性在现代泰国社会中顽强地存续着。

事实上，当代的泰国正拓展文化的现代化和社会的现代化。最近几十年来，在泰国的现代化和工业化进程中，泰人和华人都受到西方文化/全球化的影响。华人和泰人变得越来越相像，不仅仅因为华人被泰国文化同化（反之亦然），还因为两者在某种程度上都被一种共同的、崭新的文化环境和社会环境所同化。正如前一篇文章中提到的，Bao（2001）观察到，西方的影响跨越了族群与阶级的界限，深嵌在泰国的社会结构和社会秩序里。Amara（2001）因此将这一进程解读为资本主义和消费主义合力作用，而使华人、泰人一致应对的结果。

虽然泰人和华人都强调族裔内部的相似与族裔间的差异，但实际上他们并不是同质的族群。泰人似乎没有一个统一的、整体的族群概念。对华人而言，族群特性并非建立在共同的文化或情感之上。虽然大多数泰国华人仍将自己视作"华人"，但他们的族群特性实是源于各种历史背景、不同的方言群体以及多种文化实践形式。

Qiu（1990）在他的文章中回顾了历史学和社会学文献中对东南亚华人所进行的相关研究，他指出这些研究包含三股理论思潮。第一股是战后的族群特性保持理论，该理论将东南亚华人的族群特性视为不变和永续。Victor Purcell（1965）是该理论的主要信奉者。海外华人的主导性形象是永远心系故乡的旅居者，他们还被当成理解中国的一扇窗户。借用两句中国谚语"以不变应万变""万变不离其宗"来形容，海外华人的"不变""宗"都是中国。这种思想类似于文化研究领域的批评者所称的本质主义（essentialism）。第二股理论思潮的顶峰当属 Skinner 首倡的同化论，20世纪50年代晚期，他在有关爪哇和泰国华人的著作中提出这一理论，并在学界产生了极大的影响。Skinner 预测泰国华人将在第四代时被完全同化，这个预测在学术界和决策圈里相当出名。作为一种思想，同化论或许可以看成是对早期族群特性保持理论的回应，也是它的对立面。在理论家和华人自己看来，这两种思想代表两种截然不同的倾向。族群特性保持理论认为华人一心向往着中国，而同化论则认为华人已心系泰国，而要想解决"华人问题"，同化是唯一出路。

如果族群特性保持理论和"同化论"代表不同的两极，作为个体的华人与华人群体/小区以及理论家都会面临两难的选择。当我们发现"华人问题"具有的复杂性（也许是族群关系的大多数案例都具有的复杂性）时，也滋生出了第三种概念、第三种华人的形象、作为结构与文化整合产物的第三种族群特性。这一理论思潮产生于对多元论和各种多元文化主义的强烈批评，强调族群特性具有多面性，会因应与阶级、政治、性别、代际等不同社会结构因素的互动而产生变化。事实上在当代泰国有许多种成为华人和泰人的方式。

第三股理论思潮中出现了若干核心概念。首先是对个人"多重根脉"（multiple rootedness）的发现，那是一种多元而非单一的形象，通过不断地扎根，结果塑造出多重根脉的形象（Chan，1997：207）。每一个华人都处在多种力量的张力点上，如民族主义、新殖民主义、跨国主义、地方主义、资本消费主义、传统主义、现代主义等，这些力量相互交织。与之相关的一个概念是源于多重根脉和多重意识的"混成"（hybridity）概念。特定族群的行动者永远都在混合（mixing）与被混合（mixed）中，永远都是跨越性、穿透性的，他们的语言、文化和精神是可转换的。不是两者之一，而是二者兼有（he is not either/or，but both），泰人族性与华人族性辩证地互动。前述的两个概念成就了位置性（positionality）这一第三概念。而正因为有了多元意识和混成性，对于族裔行动者来说，认同其实只是一种"定位"（positioning），或 Berger 称之为"别径"（alternation）（1986：68），即"在处于变化和时而矛盾的多种意义体系中，实现选择的可能性"。一旦获得了另类、可选择的身份认同，泰国华人便能意识到"自己像站在无数排镜子前，而每一面镜子都折射出一个不同的形象"（Berger，1986：77）。这样一个华人会拥有许多张面孔供其展示。当然，面孔的选择，仍相当取决于它在多大程度上得到了社会性和政治性的承认与允准（Chan and Tong，2001）。

# 二、新加坡

在新加坡，传统意义上的华人小区已经基本消失。传统使然，部分来说也由于英国所采取的政策，华人小区与其他族裔小区是隔离开的。华人倾向生活在联系紧密、界限分明的区域里。然而，快速的城市复兴、区域开发以及族裔一体化的住房政策，基本上打破了这些物理疆界，将各种小区混合在一起。

在今天的新加坡，地域、语言和宗教不再被当作是全部华人的族裔标记，相反，这些因素已经成为定义族裔时面临挑战的词汇。族群性的核心特征，随着时间推移，已经与划分"谁能成为华人，谁不能成为华人"的遗传、血统和世系等先天赋予的特征联系在一起，这实际上是一种强烈的社会性界限。一个"天生

就是华人"的人不可能变成"非华人";出自其他种族但吸收了"华人文化价值观"的人也永远不能变成或被接纳为华人。尽管所谓的华人小区已没有了土地凭借,但正可能由于这种排他性而维系了新加坡的华人小区(Rushdie,1988:63)。

华人族群特性的碎片化表现在许多争论上。对于语言是否为华人性特质这一问题,人们的看法有很大差异。因为人们对什么是华人的理解各不相同。前文也提过,对受华文教育的华人来说,华文是最关键的因素,而对于受英文教育的华人来说,孝道才是第一位的。在老一代华人看来,把中国当成故乡的意识(虽然正在迅速消失)是最重要的,但在年轻一代华人眼中,是否具有中国意识和故乡意识,已经不是华人性的重要组成部分了。我们可以将年轻一代华人这一特征称为"地域的抽离"(disembedding of place)。我们要注意这一抽离过程,因为可以在同一层次上界定新加坡华人的独特性,即相对于"中国大陆人""台湾人""香港人"以及其他华人而言,在新加坡的华人(Chinese in Singapore)是独特的新加坡华人(Singaporean Chinese)。同时,由于新加坡华人与全球华人拥有共同的血统,因此可以在适当的情境之下,认同全球华人文化或与世界各地的华人联系。

族群特性不再完全是先赋性的。新的族群特性,无论是 Gans 所称的符号性(symbolic)的族群特性(Gans,1979),还是 Yancey 的滋生性(emergent)族群特性(Yancey, et al., 1976),都将会随着个体成员自我展示以及向他人展示的形式变化而变化。就不同的表现形式来说,族群特性是一个变量(variable)(Cohen,1997:xv)。无论何时何地,某一族群的行动者总会面临多种"可供选择的认同"(identity options on offer)(Rex,1973;Rex and Josephides,1987)。一张面孔(种族的),多副面具(文化的),或者,什么都没有。

# 三、结论

王灵智(Wang,1990)根据海外华人对中国、对所在国(西方国家和东南亚国家)的不同态度,以及对汉字"根"的不同理解,建构了五种不同的华人身份认同类型:第一,叶落归根,这一认同是典型、传统的旅居者心态;第二,斩草除根,即彻底的、完全的同化;第三,落地生根,即适应了所在国的生活,但不是被其同化;第四,寻根问祖,拥有族群自豪感和族群意识;第五,失根离祖,历史上离开中国的知识分子,对于中国故土而言,他们处于被连根拔起、疏离、流浪的状态。

除了这五种认同类型之外，一种新的类型正在出现：有着一种跨国性华人（transnational Chinese）中产阶级的认同的跳跃式华人移民（transilient Chinese）（Chan，1997）。这些华人已经克服或者是驱除了他们内心要回中国寻根的渴望。回不回去，他们有选择的余地。他们总是努力与所在国社会整合，而不是被所在国完全同化或压进同一个模子里。严格地说，他们并不试图全心投入于所在国的生活，这或许是因为他们不想在任何地方扎根定居，或许是因为他们的意识并不只是捆绑于单一的祖籍来源或族群性，而是与多种源头、族群性相连，在不同的时间里展现新的族裔特征。他们的族群特性总是在变化，并非经典的、经常被讽刺为悲伤、郁郁寡欢、精神无所寄托、不满、异化、气馁，对现在和过去都不满的"无根"移民。他们发觉以上身份认同都不可接受，因此总悬吊在半空中，无根或断根，从心理上和肉体上来讲都无以归家。

我们可以将新兴的第六种华人认同称为"重根"、多重根脉或多重意识。汉字"重"包括三种含义：第一，多重；第二，重生；第三，珍重（换言之珍重自己的多重根脉）。这个字使人想起这样一幅图景：一个人在各个地方扎根，最终形成重根性，类似于李欧梵所说的"华人世界主义"（Chinese Cosmopolitanism）（Lee，1991）。他认为"华人世界主义"是一个比较含糊的术语，继而将之解释为"既包括对中华文化根本性、知识性的信仰，又包括多元文化的互惠性，从而有效地跨越所有传统意义上的国家边界"。换言之，是"有目的的边缘性话语"。用李欧梵的话来说，一个华人世界主义者眼里的边界"更多的是指知识、心理意义上的边界，而不是地理边界"。当然，我知道在特定话语里，"根"总是意味着大地、土地、泥土，它与超域性（trans-locality）相反。因此，超域的"根性"代表潜在的悖论，它所指向的是一个明显的混成形象。

这种新兴的华人认同很可能是第一种华人认同，即"传统"旅居者认同感的被解构和重构，以一种"更加受人尊重的形式重新流行"（Nagata，1991：277）。新兴的世界主义者并非19世纪的旅居者，19世纪的旅居者永远心系中国，心系家园，渴望有朝一日能够重返故土。而新一代华人可能会、也可能不会返回家园，正如与他们同时代的犹太人一样喃喃自语："明年，就到耶路撒冷。每年，都到耶路撒冷。"（Clifford，1993）然而，与此同时，他们在任何给定的时间和地点旅居，并不打算最终回到中国（eternal return）。他们愿意到任何地方，在每个地方暂时居住。正是这种暂时性使新一代华人与其他类型的华人有所区别，在我的研究中也应该把这种暂时性放在最突出的位置。新一代华人徘徊往复于各个地方，他们的行李放在门口，随时准备出门远行。

要避免把上述新兴华人认同跟一种理想主义式构想的浪漫化世界主义者混为一谈：后一种世界主义者完全没有物理、物质的寄托——完全无根。从经验上

说，他们可能存在也可能不存在。我之前所勾勒的第六种华人认同类型是一个人"对华人认同抱有最基本的意识，似乎深藏在表面之下，牢固地延续，无论如何也不受干扰"，他可能会或不会"自发地根据情境调用自己的华人认同"（Nagata，1985：22）。或者如 Ang（1993：14）所言，"强调我们的华人性，有时有用，有时无用，主要视乎你如何定义"。换言之，我们为什么仍认同自己是"海外华人"其实纯粹出于政治考虑。

我对泰国、新加坡两地华人进行个案研究，发掘有关族群作为个体和群体的若干观点，这些观点可以用来审视"海外华人"这一身份标签。首要的是关于差异化的华人性（differential Chineseness）或华人多样性（Chinese variety）的观点。如果将世界各地的华人看作一个整体的话，其构成是多样化、异质性的，这一经验事实经常被出于各种潜在动机的人掩盖或彻底忽略（Chan，2000a；2000b）。比起外人或非华人头脑里的华人而言，现实中的华人确实没有看起来那么相似。以一个群体而言，华人所具有的内部同构型或相似性，是其他群体建构出来的，"华人"实际上是群际认知的社会心理学产物。举例来讲，并非所有亚洲华人都是成功的商人，亚洲成功的商人也并非都是华人（Chan，2000a；Chan and Ng，2000，2001）；并非所有的亚洲华人都渴望成为企业家，至少现在如此。有人认为华人自然而然拥有商业智慧，我们现在知道，这是一种假象、一个神话。但这种已经化为刻板印象的假象在当代泰国仍然存在，而且我认为，在整个东南亚也仍然存在。我在其他文章曾指出（Chan，2000b），许多华人可能是"非情愿的商人"，是被社会和家庭推入商界的，因为许多东南亚国家禁止华人从事专业性、行政性的职业。还有一个流行的观点，认为华人家庭内部非常和谐。如果社会学家将自己的注意力集中在华人家庭内部的性别冲突、代际冲突上，就能从经验和逻辑上检验我们所观察到的华人群体内部的异质性（Chan and Dorais，1998）特征。在华人研究领域里，观察家们似乎对整合家庭和小区的力量更感兴趣，但对如分裂、扰乱和抽离等相反力量却研究太少。

我们将上述华人多样性观点与符号互动论（symbolic interactionism）中芝加哥学派所提出的新兴文化观点联系起来，可以发现，社会学家关注的是华人为适应所在国纷繁复杂的社会文化所采取的个人层面和集体层面的行动。该适应过程的结果不可预测，而且各不相同，部分原因在于适应的过程中有时充满冲突，有时却又不然，主要取决于各民族国家对待华人的态度及有关当局所采取的相关政策。华人的认同矛盾真实存在（Lal，1990：3），并不是学术界的想象。我在该文所论述的第六种华人认同类型——重根——是该过程的一个可能的结果。在亚洲各地，这一过程每天都在展现，东南亚社会确实如社会学家所想象的那样异质化（Chan and Tong，1993）。在多元族群的社会里，这种重根认同将会发生怎样的变化？并没有一个单一的族群特性可以将人们同化，这正是我所"发现"的问题的复杂性所在。在对泰国华人的研究中，我引入 Berger 的替换（alternation）概念——属于某一族群的个人在不同的形式和结构间交替、变换，在不同地点之间来回穿梭，不断改变其身份认同和族群特性。或者可以说，位置性（positionality）即认同，我们甚至可以用位置性这一概念来取代认同。因此，这是一个相当图解化、戏剧性的形象。一张面孔，多副面具。这一刻是华人，下一刻却可以不是；今日是这一种华人，明日可以变成另一种华人，这一切皆取决于观众的性质。华人世界主义者永远都在舞台上，总是参与到某种形式的表演当中，他们是 Goffman 笔下优秀的"表演者"和 Park 笔下的"边缘人"。至此我得出一个基于异质性与混成的认同观点，这是一个引人入胜的观点，但也会激起那些坚持界限、边界、纯正性、忠诚、统一和单一的民族主义者的憎恶。

经过概念化和在正确理解了上述问题之后，以及在理论和实证领域的讨论，可以确定全世界的华人并没有形成如同犹太人或希腊人那样的一种散居模式。在 Safran（1991）列表的基础上，Cohen 就"散居"的"普遍特征"制作了一个整合表（1997：25）。表中，九个特征里有五个提到家园：铭记的、理想化的家。有时，一些处于离散状态的人还要回这个家，他们看似被迫在异国寻找不同的方式，以便让彼此变得比以前更相似。因此，他们宣扬"强大的族群集体意识"（strong ethnic group consciousness）、"同族移情与凝聚力"（co-ethnic empathy and solidarity）等观念。从各种华人案例分析中，我认为以上描述和叙述都站不住脚。王赓武（Wang，1999）认为散居在世界各地的华人的存在有多种（plural）形式和结构（我更会补充"多种"为"多元化"），而非只有单一（singular）种类。对"海外华人"的研究应该放在历史大背景之下，充分考虑家族历史和代际关系的不同。Wirth 在为 Mannheim《意识形态与乌托邦》一书所写的序言（1991）中提醒我们：世界在很大程度上是由语言联系在一起的，所以当这些语言对使用者来说不再具有相同含义时，人们必将彼此误解，无法交流。在这里必须指出，术语"异质化散居"（diaspora-as-heterogeneity）（Mckeown，1999）是有问题的，因此寻找一个更好的词汇成为非常重要的任务。我更喜欢"泰国的华人"（ethnic Chinese of Thailand）这个说法，而不是"在泰国的华人"（ethnic Chinese in Thailand），当然更不是"在泰国的华人散居者"（Chinese diaspora in Thailand）。这种分散的思想暗示紧随着一种观念，这种观念渴望团结和统一，渴望回家，渴望支持血统与种族纯正，缺之或有所异者则必然意味着受折磨、受苦受难。这种观念带来的是一种外伤式、不知不觉的分裂。我曾指出（Chan，1997），现在的华人将家庭分离作为一种解决现实问题的应对战略，其目的是在稍后重新实现家庭团聚。这种深层次的矛盾做法源于经济学的家庭资源组合

思想。

那么，华人是否再难凝聚？不是的。凝聚的要素会是象征性的，或者说是情感性的。华人个体的族群意义，归属于一个无边界、无依托、非实地、非物质、外在于领地的想象空间（Ma Mung，1998）（我难以找到一个单词形容这空间），其表现形式可以是一种思想，一种意识形态（好像乌托邦），一种情感，一种觉醒。华人可以同时在这里、那里，在每个地方。这种感觉的呈现形式是否会是一场婚姻、"同族之谊与大团结"、一种被利用于企业剥削的"种族优势"？这是社会学的难题，而且从来没有想当然的答案。新加坡华商最近在中国投资时才冷静地了解到这一点。我们很难不同意 Wirth（1991：xxv）的断言："如果个体成员的头脑里都充斥着社会的同一图景，那么这图景就存在。"（A society is possible…because the individuals in it carry around in their heads some sort of picture of that society）但是，一个人要如何处理头脑中的这幅图景呢？我的感觉是，这一图景的成效在探讨华人及其商业王国的文献中被夸大了（Chan，2000a；2000b）。有关理论和见解在我的另外一本论文集《华商：族裔资源与商业谋略》中有详细的分析。

## 参考文献

［1］ALEXANDER M. Ethnic selves，auto-biographical identities. Paper presented at Department of English Language and Literature. National University of Singapore，1999，August 14.

［2］AMARA P. Chinese settlers and their role in modern Thailand// TONG C K & CHAN K B. Alternate identities：the Chinese of contemporary Thailand. Singapore：Times Academic Press；Leiden：Brill Academic Publishers，2001.

［3］ANG I. To be or not to be Chinese：diaspora，culture and postmodern ethnicity. Southeast Asian journal of social sciences，1993，21（1）.

［4］BAO J M. Sino-Thai ethnic identity：married daughters of China and daughters-in-law of Thailand//TONG C K & CHAN K B. Alternate identities：the Chinese of contemporary Thailand. Singapore：Times Academic Press；Leiden：Brill Academic Publishers，2001.

［5］BERGER L P. Invitation to sociology：a humanistic perspective. Harmondsworth：Penguin，1986.

［6］CHAN K B. Coping with aging and managing self-identity：the social world of the elderly Chinese women. Canadian ethnic studies，1983，15（3）.

［7］CHAN K B. Smoke and fire：the Chinese in montreal. Hong Kong：the Chinese University Press, 1991.

[8] CHAN K B. A family affair: migration, dispersal, and the emergent identity of the Chinese cosmopolitan. Diaspora, 1997, 6 (2).

[9] CHAN K B. Chinese business networks: economy, culture and society. Singapore: Prentice Hall, Copenhagen: Nordic Institute of Asian Studies, 2000a.

[10] CHAN K B. State, economy and culture: reflections on the Chinese business networks// CHAN K B. Chinese business networks: state, economy and culture. Singapore: Prentice Hall, Copenhagen: Nordic Institute of Asian Studies, 2000b.

[11] CHAN K B & DORAIS L J. Family, identity, and the Vietnamese diaspora. Sojourn, 1998, 13 (2).

[12] CHAN K B & HELLY D. Coping with racism: the Chinese experience in Canada. Special issue, Canadian ethnic studies, 1987, 19 (3).

[13] CHAN K B & HELLY D. Chinese: Tossing off the shackles of racism: One hundred years of the Chinese experience in Canada. Beijing: China Social Sciences Publishing House, 2000.

[14] CHAN K B & NG B K. Myths and misperceptions of ethnic Chinese capitalism// CHAN K B. Chinese business networks: state, economy and culture. Singapore: Prentice Hall; Copenhagen: Nordic Institute of Asian Studies, 2000.

[15] CHAN K B & NG B K. Chinese business in Singapore//GOMEZ E T & HSIAO M H H. Chinese business in Southeast Asia. Surrey: Curzon Press, 2001.

[16] CHAN K B & TONG C K. Rethinking assimilation and ethnicity: the Chinese in Thailand. International migration review, 1993, 27 (1).

[17] CHAN K B & TONG C K. One face, many masks: the singularity and plurality of Chinese identity. Unpublished manuscript, 1997 (33).

[18] CHAN K B & TONG C K. Positionality and alternation: identity of the Chinese of contemporary Thailand// TONG C K & CHAN K B, Alternate identities: the Chinese of contemporary Thailand. Singapore: Times Academic Press; Leiden: Brill Academic Publishers, 2001.

[19] CLIFFORD J. Sites of crossing: borders and diasporas in late 20th century expressive culture. Cultural currents 1, program for cultural studies, East-West Centre, 1993 (1).

[20] COHEN R. Global diasporas: an introduction. London: UCL Press, 1997.

[21] GANS H. Symbolic ethnicity: the future of ethnic groups and cultures in America. Ethnic and racial studies, 1979 (2).

［22］ LAL B B. The romance of culture in urban civilization： Robert E. Park on race and ethnic relations in cities. London： Routledge，1990.

［23］ LEE L O. On the margins of the Chinese discourse： some personal thoughts on the cultural meaning of the periphery. Daedalus，1991（5）.

［24］ MA M. Groundlessness and utopia： the Chinese diaspora and territory// SINN E. The last half century of the Chinese overseas. Hong Kong： University of Hong Kong Press，1998.

［25］ MCKEOWN A. Conceptualizing Chinese diasporas. The journal of Asian studies，1999，58（2）.

［26］ NAGATA J. Local and international networks among overseas Chinese in Southeast Asia and Canada// MATHEWS B. Quality of life in southeast Asia. Canadian Council for Southeast Asian Studies，1991，20（1）.

［27］ PARK R E. Human migration and the marginal man. American journal of sociology，1928，33（6）.

［28］ PURCELL V. The Chinese in Southeast Asia. Kuala Lumpur： Oxford University Press，1965.

［29］ QIU L . Changes in ideas in studies of Southeast Asian Chinese. Paper presented in conference on overseas Chinese communities toward the 21st Century. Singapore，1990.

［30］ REX J. Race，colonialism and the city. London： Routledge and Kegan Paul，1973.

［31］ REX J. Introduction： the scope of a comparative study//REX J，et al. Immigrant associations in Europe. Aldershot： Gowe，1986.

［32］ REX J & JOSEPHIDES S. Asian and Greek Cypriot associations and identity// REX J，JOLY D & WILPERT C. Immigrant associations in Europe. Aldershot： Gowe，1987.

［33］ ROBERTS M. "World music" and the global cultural economy. Diaspora，1992，2（2）.

［34］ RUSHDIE S & GRASS G. Writing for a future// BOURNE B，et al. Writers and politics. Nottingham： Spokesman Hobo Press，1988.

［35］ SAFRAN W. Diasporas in modern societies： myths of homeland and return. Diaspora，1991，1（1）.

［36］ SKINNER G W. Chinese society in Thailand： an analytical history. Ithaca： Cornell University Press，1957a.

［37］ SKINNER G W. Chinese assimilation and Thai politics. Journal of Asian studies，1957b（16）．

［38］SKINNER G W. The Thailand Chinese：assimilation in a changing society. Lecture presented at the Thai Council of Asian Society，1963.

［39］SKINNER G W. Changes and persistence in Chinese cultures overseas：a comparison of Thailand and Java// MCALISTER J T. Southeast Asia：the politics of national integration. New York：Random House，1973.

［40］STONEQUIST E V. The marginal man：a study in personality and culture conflict. New York：Charles Scribner's Sons，1937.

［41］TONG C K & CHAN K B. Alternate identities：the Chinese of contemporary Thailand. Singapore：Times Academic Press；Leiden：Brill Academic Publishers，2001.

［42］TONG C K & CHAN K B. Times：a social history of Singapore. Singapore：Times Editions，2003.

［43］WANG G W. A single Chinese diaspora？. Paper presented at Chinese Southern Diaspora C. W. Australia National University，1999.

［44］WANG L C. Roots and changing identity of the Chinese in the United States. Daedalus，1990，120.

［45］WIRTH L. Preface//MANNHEIM K. Ideology and utopia. London：Routledge，1991.

［46］WONG S L. Changing Hong Kong identities// WANG G W & WONG J. Hong Kong in China：the challenges of transition. Singapore：Times Academic Press，1999.

［47］YANCEY W L，ERICSEN E P & JULIANI R N. Emergent ethnicity：a review and reformulation. American Sociological Review，1976（41）．

# 对移民家庭戏剧的再探讨：
## 新加坡的中国大陆移民

　　本文试图展现一出在新加坡的中国大陆移民家庭中上演的"社会学戏剧"（sociological drama），切入点是性别和代际冲突——在迁移过程中家庭内部所产生和协商的人际与角色冲突。移民有所谓"更美好生活"的承诺，但我们分别仔细研究此承诺在不同的家庭成员身上如何兑现。我们每次注视一名家庭成员，并参照其在家庭制度上的位置。一旦采取这样的视角，便会发现并非所有的家庭成员都从移民中受益。然而，所有成员都深信他们的家庭采取了"正确的行动"。

　　家庭作为一种社会建构，被跨国主义（transnationalism）进一步加强。跨国主义借着家庭成员间跨越边界的世俗日常活动，再生产了家庭凝聚力这一"真实"（reality）。但这"真实"通过内化而为建构、理想后，家庭也束缚了其成员，因此也影响家庭内部的团结。家庭会束缚和控制自我，其成员当然有得必有失，但对家庭中的弱势者（一般而言是老人、女人、小孩）尤为不利。全球化和跨国主义还未实现两者的美好承诺。

　　Long 今年 38 岁，1997 年来到新加坡，之前在中国是一名工程师。他在新加坡工作的朋友给他介绍了当地一个职位空缺，他由此移民。一年之后他的妻子 Jian 也来到了新加坡。Jian 是一位医生，拥有八年多的从医经验，但由于不能在新加坡重新注册，唯有放弃当医生，现在在一家华语学校兼职①。次年，他们的儿子 Guang 也和祖父母一同来到新加坡，自从 Jian 离开中国后，Guang 就一直由祖父母照看。Guang 今年 8 岁，在住所附近的小学就读，一家人住在新加坡东部的一间公寓里。放学后，Guang 就由退休在家的祖父母照顾。

　　1992 年，年近四十的 Le 从学习、生活了三年的澳大利亚来到新加坡。1988 年，在他抵澳几个月后，妻子来和他团聚，两人的女儿 Lydia 当时只有 1 岁，被留在中国国内由外公外婆照顾。Le 一直不知这一育儿安排，直到他到机场迎接

---

　　① 教中文是女性移民（尤其是刚来到新加坡的）的一项主要收入来源。她们当中很少人受过正规的中文教学训练。我们其中一位受访者的小姨正是其中一人，她以前在中国受的是中学程度的英语教学训练。

妻子。① Le 在新加坡有了工作之后就安排 Lydia 前来团聚。他本人继续从事原来的职业，妻子却放弃了人力资源经理的工作，这位女性被迫当了她从未想过要当的全职家庭主妇。

Ling 1997 年来到新加坡，次年女儿 En 也来了。Ling 的丈夫最先移民，其时新加坡急需大量技术人才，Ling 的丈夫正是凭借技术才能从中国移民出来。很快Ling 也移民到了新加坡，在她的丈夫继续保持其职业地位的同时，Ling 自己却失去了原来的职业地位。尽管毕业于名牌大学，拥有多年教学经验，Ling 还是不能找到与其专业相符的工作，之后她重新回到学校"升级"技能。

Zhen，29 岁，一年半前与青梅竹马的朋友 Shan 结婚。Shan 于 1996 年来新加坡读研究生，此后两人一直没有见面，直到 1998 年 Shan 返回中国，两人结婚。他们借书信、电邮和电话沟通结婚事宜。他们在年初有了房子和孩子。夫妻二人与儿子、儿子的奶奶（来新加坡帮忙照顾小孩）住在一间公寓里。有了婆婆的帮忙，Zhen 得以休完一个月的产假之后就返回工作岗位。Zhen 在一家保险公司做行政助理，这份工作是她刚到新加坡就"幸运地"找到的。②

中国人移民的历史源远流长。每一轮的移民潮都是不同环境作用的产物，带来的机会和制约也不同。中国人向外移民的高潮发生在 19 世纪末 20 世纪初，当时大批中国人在"苦力贸易"中从中国涌向世界其他地区，但是中国人的移民并非始于这一时期，也非止于这一时期（Pan，1998；Sowell，1996）。③ 中国的人口一直向外流动，中国移民的影响力也持续而深远。

对中国移民来说，新加坡与北美、欧洲、大洋洲和东南亚等地区的国家不同。在那些国家，华人是少数群体，居住地集中，是本地人眼中明显的"外国人"；而在华人占总人口 76.8% 的新加坡，华人的异国性（foreign-ness）相对来说不是那么显眼。然而这并不意味着分野有所模糊。事实上，经常在彼此之间做区分的不仅仅限于新加坡的华人，还包括中国来的移民。④

---

① Le 告诉我们，他原以为女儿会一起出现，但他妻子认为带女儿一起会不方便。Le 心想，妻子可能厌倦了照顾女儿而想脱离带小孩的生活。

② Zhen 在中国一间银行工作了五年。当她决定离职时已达中层管理职级。她英语流利，因此来新加坡后轻松找到工作。

③ Poston 和 Yu（1990：480－481）将中国向外移民史划分为四期：（一）由远古至 18 世纪的清代中叶；（二）由帝制中国衰落至 20 世纪 40 年代的共和中国；（三）直至 20 世纪 70 年代、中华人民共和国成立的首三十年；（四）延至今日的当代时期。Skeldon（1992a，1992b）和 Pryor（1979）的著作对以上历史与东南亚的关系有一全面概述。

④ 举个例子，Min，35 岁的单身女士，对我们说："这里的人讲英语，但我不讲，我讲中文。我猜这就是我们之间的差异了。"以上意思，她是用英语来表达的。Min 是加拿大公民，曾在加拿大生活十年，之前又在挪威待了五年，在两个英语国家生活如此之久，Min 英语流利。可以解读她的说法为，她在建构"真实的"中国认同，以此区分她自己和当地新加坡人。

社会差距显而易见。虽然来自中国大陆的移民与"本地人"体貌特征非常相似，无人能轻易区分二者，但移民仍然是"外国人"，因此与本地人之间仍有相当距离。当代中国移民如同 Simmel（1908）笔下的"陌生人"，他们在新加坡工作和生活，并因此"定居"（fixed）在此。然而，这些移民"从一开始就不属于这里"，不管他们外形上与本地人如何相似，他们仍然是"不同的"。

# 一、理论架构

随着人们全球流动（包括国内的流动和跨越国界的流动）的规模和频率不断增加，移民研究变得更加重要。世界人口的相当一部分已从其出生地迁出，全世界的侨汇总额在 1990 年约为 711 亿美元，仅次于原油贸易的收入（Russell，1992：269），人们开始关注全球移民对世界发展的重要意义。

传统的结构学说用推拉因素来解释城市之间和国家之间发生的迁移（Sassen-Koab，1983；Griffin，1976；Pearse，1970），这一理论强调历史转变，假设移入地的"拉力"与原居地的"推力"共同作用，导致人们的迁移。然而，这一宏观的解释缺乏预测力，将焦点集中在思想和利益点的一致而非差异之上，不能解释为什么同一环境中有些人走上移民道路，有些人却留下来、依然故我、安于现状。因此，该方法并未弥合结构条件与个体行动之间的概念鸿沟。此外，推拉因素不明确，不简洁，也不彻底。每一个移民都抱持自己一系列的所谓排斥条件和吸引条件，很难说服所有人一套推拉理论便有足够的解释力。当此理论应用在家庭移民上，问题便浮现。家庭里每个个体有各自的生命日程，每个人的独特兴趣和偏好很少一致，而如此相异的几个人，却"一起"有了移民这样重大的行为。

建基于 Ravinestein 的 *The Law of Migration*（1885）之上，古典经济学也对移民决定和移民趋势进行了"解读"（Lee，1969；Sjaastad，1962）。新古典劳动经济学力图填补推拉理论留下的鸿沟，提出考虑所有个体的预期成本和收益就能够预测迁移的观点。当净收益的现值扣除实际贴现利率结果为正时，移民行为就会发生。这一学派片面强调移民的经济理性，实有缺陷。首先，我们很难估计诸如适应成本和情感纽带的丧失[①]等非货币的间接成本，再将其转化为数学等式。即使成本能估计，得出来的等式，也未能反映每名家庭成员的合理比重。每一成员的权利对等式的结果的影响非常不同。就算把所有人的影响都相加到等式中，个

---

① 由于长距离通信技术的进步，这些纽带可能不会失去。但是，使用这些技术去维持纽带的成本亦需留心估算。

中的"得"与"失"对每个人的意义也可能大相径庭。在等式中各处并不尽是
"+"号，而各个"-"号对同一屋檐下的不同成员来说，影响可能甚有差异。
举例来讲，尽管父亲和女儿承担的成本额度在数量上相当，但对最后结果的影响
却不同。有些成员总是处于等式中得到收益的位置，而别的成员则总是处于付出
成本的位置。结果，某些成员的收益凌驾在其他成员的损失之上。

## 二、"家庭是特殊的"

认为家庭是团结、和谐、统一的观点的确存在不少问题。然而，我们从孩童
时期被灌输的观点就是"家庭是特殊的"：

家庭是彼此相连的人们组成的群体……组成家庭的人们不仅居住在同一屋檐
下，而且热爱彼此、关心彼此、有福同享、有难同当。正是家人的分享和共同进
退使得成长变得特殊。即使我们都不住在一起，我们还是家的一分子……①

作为一种制度，家庭支持我们，但同时也像信封一样包裹、限制和束缚我

---

① 引文来自一本几乎所有新加坡小学都在使用的五年级课本。同一页还附有歌曲《国家的核心》
（*Heart of the Nation*）的副歌歌词：

家庭是一切
家带来快乐，带来希望
家庭是闪亮的光芒
照引你穿过最黑暗的夜晚
爱是你生命中的核心和灵魂
你总是觉得在家很安全
这是新世代的强大之处
这是国家的核心所在

以上是我们翻译的版本，原版歌词如下：

Family is everything
The joy, the hope, a home can bring
Family's a living light
To guide you through the darkest night
The heart and soul of your life is the love
You always find when you're safe at home
It's the strength of a new generation
It's the heart of the nation

这首歌是为了纪念1994年第一届国际家庭年而作。诸如教育、国家以及家庭本身等社会机构对"家
庭"的"真实"持续不断地建构与强化，于是"家庭"意识形态的"有效性"由此产生。

们。这一心理束缚决定我们反过来怎样以社会学家的身份接近家庭，怎样建构、研究和理解家庭。家庭是一种制度。我们需要意识到家庭是"一个管理机制，引导人类行动，就像本能引导动物行为一样，……（这）提供一套程序，使人类行动被模式化、被强制执行和遵守社会认可的常规"，个体被引导着相信"制度预设的行动路径是他唯一可能采取的行动，是他本质上唯一有能力采取的行动"（Berger，1963：104-106）。不仅研究对象以这种方式被控制，研究他们的人也不能幸免，因此社会学家必须意识到自己的先入之见。

传统的功能学派理论家"视家庭为普遍的，并坚信核心家庭'适合'现代工业社会的需要"（Court，1997：83），家庭的大一统建构根深蒂固。另外，女性主义的研究将家庭视为性别剥削的场所，性别不平等在家庭里被合理化（Eichler，1997）。与此同时，移民研究中系统视角的运用越来越多（Kritz and Zlotnick，1992；Pohjola，1991；Boyd，1989；Fawcett and Arnold，1987）。Chan 和 Dorais 在他们对加拿大魁北克越南人的研究中评论道：

作为一项制度，家庭处于连接所在国本地社会、离乡者和越南的三角形的中心。通过解决从这三角形所凸显的个人和家庭压力，突出了有关文化、家庭、认同和公民权的社会学与人类学重要问题。

（1998：286）

家庭和亲属网络在为移民和准移民提供重要的物质支持上扮演关键角色。移民系统相互联系、相互依赖，两个或更多的地方由人、信息、原料和资源的流动以及反向流动连接。关注家庭及其社会网络，使我们可以在中间层次上仔细分析移民决定，同时努力将"微观—个体"层次与"宏观—社会—全球"层次连接起来。家庭处于两个分析层次之间，是重要的分析单位，有助于理解移民的经验。

对移民家庭的研究一直以来并不少（Hugo，1995；Hendrix，1979；Kamiar and Ismail，1991；Perez，1986），但大多数只是把焦点放在男性家长上。到目前为止，家庭被假设或断言为一个"团结的"单位，为了迁移这一改善全家人生活环境的长期策略，成员间需要合作、协调。对家庭移民和移民决定的研究都建基于"家庭是完全和谐一致"的"常识"上。作为家庭单位一分子的女性因此被当作与男性有"相似的"迁移动机，男性似乎足以代表女性和整个家庭。这些研究无视每一家庭成员都是独特个体的事实，看不到成员间的利益分歧。

由于女性独立移民的规模日益增大，以及女性主义视角的异军突起，女性移民得到越来越多的关注（Parmar，1984；Simon and Brettell，1986；Day and

Icduygu，1997；Morokvasic，1984；Pedraza，1991）。这一性别化的视角要求：

> ……对移民在"家"（home）和"接收国"创造及遭遇到的制度和意识形态进行学术上的再探讨，目的是判定父权制如何组织家庭生活、工作、小区协会、法律和公共政策等。
>
> （Pessar，1998：577）

遗憾的是，这一性别化的视角尚未取代传统视角，家庭移民研究继续在传统的、男性偏见的观点之下方兴未艾。

移民家庭是一个压迫和剥削的场所，这并非新见（Foner，1997b；Khaled，1995；Kibria，1993）。由于已经意识到"家庭不仅仅是无情世界里的天堂，还是冲突和协商发生的场所"（Foner，1997b：961），一些研究已确认移民家庭中父权制关系被有意或无意地强化，这一点在夫妻关系中体现得尤为明显。牺牲的通常是妻子，她们"为了顺应丈夫的职业目标，情愿扮演次要的、支持性的角色，以便增进整个家庭长期的福祉（Ngo，1994：406）"。家庭虽然是充满权力斗争和不平等的场景，但同时也是自圆其说和理性化的场景，它试图修补世代相传的传统和个人亲身经验之间的裂痕。

通过展现家庭单位中个体成员的经历，社会学家努力让每个人都发出自己的声音。然而需要指出的是，许多人即使受到鼓励去"为自己说话"，但仍固步其家庭位置，甘愿做其位置的代言人：

> 我们的语言不是自己选择的，而是由控制我们初始社会化的特定群体强加的。社会给我们预先设定基本的符号法则，我们借此理解世界、梳理经验和诠释我们的存在。
>
> （Berger，1963：136）

尽管社会学家试图创造一个让女性声音得到倾听的空间，停顿和间歇的沉默还是能预期的。在意见被剥夺这么长时间之后，女性要借惯常听到的声音，复制其中的词汇，才能勉强仿真出自己的语言。女性的位置被社会分配，她们即使尝试为自己发声，但仍未完全摆脱社会的全面掌控。

借着直观地倾听，我们或者能够恢复那些不被倾听者的声音，但事实上没这么简单。潜在的发声者缺乏技巧，对表达自己感到无力。这意味着聆听者仍需更用力地发掘那些沉默者，并训练她们以新语言装备自己，否则只会听到人云亦云的声音。

移民的经验是生命历程的一部分，贯串生命各个片段，不能孤立地研究。虽然如此，社会学家们仍然对各个片段分开研究和讨论，研究者甚至倾向以自行想象的行动者形象来看待移民（及其家庭），这是不对的。移民是完全能"自行运作"（functioning）而整全的行动者（fully functioning holistic actors），研究者必须注意按照其本来面目接近他们，而不应受限于研究目的，设出孤立的环境，把他们视为询问客体（objects-of-inquiry）。移民并非单一的文本，而是由性别、代际、族裔性、阶级和宗教等差异交织而成的。解读移民，需要把经验整合起来，将移民视为连续体的一部分（或众多非连续体）而非孤立的事件。移民的经验及其与众多的关系交错，我们要将之理论化。

要把依据血缘或婚姻来维系一群人的家庭，与作为关系系统和意识形态的"家庭"区分开来：后者通过社教化内化，进而影响我们对其他事物的理解及诠释（Laing，1972）。为了证明"家庭"这一隐喻的力量，我们需要展示无数正在上演及回放的家庭戏剧，从整个家庭的角度讨论移民的决定，着重整体的、情感上的，而不是非整体的、利益上的。

与传统的路向有所区别，我们研究考察家庭，是把家庭内所有个体成员"加起来"（add up），因此不允许只由男性一人建构和重构他的所有假设，并将其投射到其他家庭成员身上。我们不再把研究中国移民家庭仅仅视为研究客体的方法，而将在理论上和实证上阐明将个体放置于家庭结构对理解家庭迁移的重要性，并在方法学上证明家庭是合适的研究单位。

# 三、研究与样本

我们在2000年访问了27个当时正旅居新加坡的中国移民家庭。我们没有采用惯常的"一次了结式"（once and for all）访谈方式，而是在整个研究期间都与部分家庭保持联系，这样可以加强我们与这些家庭各个成员的联系，使我们得以更深入地探究家庭内部运作的机制。为了搭建一个上演家庭故事的平台，我们也将一些家长和孩子组织起来进行访谈。

最初的访问对象来自我们的朋友和由朋友介绍的对象。我们只在有限的情况下使用滚雪球取样法，部分原因是为了防止访谈对象特征过于集中，比如集中在某些宗教或职业上，可能会使研究结果失真，或堵塞潜在的探索领域。

我们在访谈对象的住处、办公室或其他公共场所进行面对面的深度访谈，每次时间平均为一小时。访谈使用的语言主要是普通话①，之后翻译为英文。访谈一开始是无结构式的，允许受访者自由谈论他们的个人观点和经历②，研究者因交谈内容而询问。

主要的受访者都是成年人，儿童和老年受访者都透过他们才得以接触。尽管在方法学上，从多渠道取得另外的意见十分重要，但我们无法立即接触到儿童和老年人，也不一定被允许访问他们。因此，27 个受访家庭中，我们只访谈了 7 名儿童；在 11 个三代同堂家庭的 15 名老人中，我们只访问了其中 5 位。

在研究的第二阶段，我们通过电子邮件与本地大学学术界的移民取得联系，也尝试寻找在公共领域内"自然存在"的知情者，但身为研究者我们并不受"自然情境"中的移民欢迎。我们努力尝试获取官方资料，联系中国使馆、有大陆移民集会的教堂等组织，但没有成功。

此次研究的数据大部分是访谈录音的誊写，以及在移民家里所做的实地观察记录。研究者与家庭成员之间的直接互动可以更好地了解、评价家庭关系和个人情绪，也有助于理解、把握人际冲突和个人内心冲突。信件、电子邮件和电话账单等也被列入研究范围，以增加第一手资料。

在分析移民决定背后的动机之前，必须先强调一下，我们只可能部分地理解移民的动机。研究者能获取的理解只是双重诠释过程的第二层，研究者需检索其诠释，并寻找检测效度的方法。移民的动机既不清晰也不直接，即使是移民本身也无法讲得黑白分明。因为他们先要理解自己的处境，但他们只拥有被规范了的知识，或者来自那些知识的自圆其说。

所以，必须注意到，"理解家庭的迁移"，意味着研究者要以观察者的角度，理解移民自己对迁移的理解。研究者所取得的意义，只是来自移民者自己声言充满意义的行动，是一种早已指定好的外在意义，与该行动者的个人意义并不等同。研究者推测的意义和移民者自持的意义有所差距，难以处理，可能变成研究者的错误诠释。不过，我们认为这些意义差距能够重整。研究者衡量过受访者的自圆其说后，终可破译其经验，从而变得较接近"本来的"意义。

---

① 除了五个访谈之外，所有访问都以普通话完成。访谈语言确是个问题，这在其中一节与 Zhang 做的访谈中有所显示。对谈间，Zhang 需沉吟良久才能找到表达的语言，直到访谈改为用普通话，他才能轻松地回答。

② 尽管大多数受访者愿意谈及自身的移民历史，但 Pan 和 Liang 两位受访者对涉及私人性质的问题感到冒犯。Pan 的头脑受过牢固的科学训练，无法理解个人经验的用处，感到这浪费时间。在长度为一小时的访问的后半段，他的抵触才开始变少，并且更愿意谈论他和家人的移民行为。在整个访谈中，Liang 比较愿意回答一般问题，但说出自身故事时较犹豫。

# 四、移民讲述的故事

通过考察"新"移民的迁移"历史",我们可以开始理解家庭迁移:

朋友给我推荐了这份工作。当时他的公司要找一个对中国的情况非常了解、能在这里工作的人……那时我非常讨厌自己的工作……在中国,许多上级根本就不关心你的能力……他们都倾向于根据有没有实际经验和有没有关系来用人……结果就是大部分刚毕业的大学生能得到的机会很少……我不想和他们钩心斗角,所以就辞职了。

Lin,男,30 岁出头

我是四年前来新加坡的,但我十一年前就离开了中国大陆……在加拿大上学然后又在中国香港工作……那时中国大陆的机会很少,所以我就没有回去……但我妻子在深圳……我来这里纯属偶然。我是在报纸上看到招人的……当时我结了婚但还没有孩子,所以可以自由流动……我想试一下,就递了申请……之后我就来了。

Zeng,男,33 岁①

当时我在美国工作……新加坡经济发展局为那里的华人举办了几次招聘会。通过中国同学会我知道了这个消息……就去了……那时美国经济不景气,我只能做临时工。新加坡提供了长期工作。

Ao,男,40 岁②

以前的同事给我介绍了现在的工作。我当时想这是个好机会……不管怎样,如果不行的话我还可以回去,或者去别的地方……我一直想毕业后出国……但有了家庭之后,出去就不是很方便了。而且,这要花两三万块钱,在凑够这笔钱之前我需要考虑一下……

Long,男,38 岁

---

① Zeng 于四年前抵达,他妻子则晚他半年到来。目前他跟岳父母同住,岳父母帮他已没工作的妻子照顾儿子。

② Ao 来到新加坡已十年,来之前单身,现在已与当地女性结婚。

新加坡政府和本地招聘机构为吸引外国人才做出了种种努力，加上移民不满现状、渴望冒险和希冀更好的发展机会，共同解释移民为何决定迁移。哪里有机会移民就去哪里，尽管他们中的许多人对新加坡了解很少。部分人冒着风险，实行"实验性的移民"，对他们而言，这是符合理性和逻辑的正确之事。

但这能够解释一切吗？移民研究的结构解释还能说明什么？尽管推拉理论被批评为不适合及解释力不足，但在移民的论述中仍然占据着支配地位。至少移民自己深信整体的社会环境是决定性的。那么问题就是，为什么当移民模仿结构论者，用相似的字眼和相似的逻辑解释他们的情境时，还会有这么多围绕着经典理论的争论？

宏观的条件确实构成迁移的背景，我们不能脱离大环境来研究移民，一个人也不会随意决定迁移到别处。整体的政治体制和经济形势影响移民的"最终决定"，更在其决定之前，早已影响他思考是否移民。但是，我们不能过度倚重这些宏观因素来预测一个移民的行为。否则，同样的条件下每个人都会移民。况且，来自同一地方的移民的目的地也不一定一样。

如果我们把机会理解为"为谁提供的机会"（opportunities for whom）将更有意义。机会并不是平等地分配给每一位家庭成员，最有利的机会留给家庭的决策者，微乎其微甚至是不利的机会则留给拥有极少决策权的成员。更细致地考察移民理由，会发现一个明显的事实，即大多数援引外部条件作为移民动机并决定移民的人都是男性——那个一家之主。

接下来我们来看故事的另一面，更确切地说是故事的其他方面，因为现实并不是二维的，也不能绝对二分，这正是解释移民者的自我合理化时，因为结构方法的错误和过度泛化的虚假性导致的现象。冲突普遍存在，并非只存在于极端的个案。那些与理论家的假设弥合得天衣无缝的宏大解释，只与特定的人，通常是一家之主有关——这些人可能正试图为其移民决定寻找正当的理由，其他个人解释都被视作不合理和反逻辑。

并不是所有人的意见都得到应有的注意，这一不平等经常经由研究者巩固（他们有意无意地通过只承认男性家长而减弱其他家庭成员的声音）。在日常生活中，无论一个人的性别、年龄、阶级、种族和族群如何，都应该能表达意见，而不论其所用渠道如何或影响力如何。事实上每个人都有话要说，即使他们所用的语言对其思想亦有限制。可能在研究中，很多声音在冗长的筛选过程中被过滤、消音、排除，最终只有很少声音得到聆听。在家庭研究中，那少数被聆听的声音便一贯来自男性一家之主，他被当成能够无偏见而完全地代表整个家庭说话的人。

# 五、仔细倾听

接下来我们看看对移民原因的另一组回答，看他们如何说服自己：

确切地说，我不喜欢来新加坡，只是因为 Shan 在这儿，他计划在这里工作，至少要待几年，所以我就来了。

Zhen，女，29 岁

Lin（Rong 的丈夫）在单位工作不顺心，再待下去一点意义也没有……这里有机会，我自己无所谓。

Rong，女，30 岁

在中国，有些素质高、有能力的人会想出国……我也想过出国，但那是在结婚之前。这仍然是一个梦……如果有机会，大多数人都会选择去美国。但对我来说，新加坡似乎是一个更好的选择，因为离得近，而且这里也有很多华人……所以，当我丈夫说他想在这里工作时，我没有太多迟疑。

Ling，女，32 岁①

Feng（Xing 的丈夫）在这里工作，觉得还不错……他的工作在这里，发展前景不错……所以我跟来了……两地分居不是长久的办法，就好像分手。

Xing，女，36 岁②

丈夫先来，他获得永久居民身份之后，我和孩子也来了……没有什么明确的原因，整个过程中我是非常被动的。坦白讲，我们在中国已经有一个家了，要移民的话其实非常麻烦……但丈夫不满意中国的那份工作，觉得没有发展前途，所

---

① Ling 目前是一名学生。她刚到新加坡时，为一间补习社工作，之后借助校长的帮忙找到一份中文出版社的工作。大约一年之后，她发现公司的薪酬机制对她而言非常歧视和不公，故此辞职。她现时与一对中国夫妇合租一间五室之宅。

② Xing，36 岁，于 1993 年来到新加坡。丈夫 Feng 在新加坡当建筑师。Xing 跟 Jiao 一样，也是从中国过来与丈夫团聚的。她还带着当时 4 岁的儿子。她目前在一所幼儿中心当教师，尽管她毫无这方面的经验。她以前的专业方向是应用于卫星发射的高级数学运算。她是全家人中唯一一个仍持中国护照的成员。她丈夫、儿子以及在新加坡出生的女儿全都拥有新加坡公民资格。

以他就出来了……我尊重他的决定。

Jiao，女，30 岁左右①

其实我从来没有认真考虑过这个问题……我丈夫是计算机工程师。新加坡需要他这样的人才，他在这里的发展前景会更好……论技术的话，中国还非常落后……他来这里了，所以我也来了……

Hong，女，将近 30 岁

他去新加坡了，我也不想在中国待太长时间。这只是时间问题，要么他回中国，要么我来新加坡……他走后不久，我开始申请签证……这其实并不是一个决定。当然放弃诊所我很伤心。这间诊所是我和朋友刚刚开的，我甚至不能在这里继续行医……新加坡不承认我的文凭和经验……但是我的家庭更重要……不管怎么说，我在补习学校的生活还不错，也新交了一些朋友。

Jian，女，30 岁左右

男性迁移，妻子跟随，夫唱妇随，一个人的迁移就变成一家人的迁移。女性在决定是否移民的问题上没有多少话语权。她们认为丈夫移民之后，家人就会分开，这样的状况不应亦不能长久维持下去，于是她们"注定"要跟随丈夫去，没有第二条路。男性一般能承认妻子的牺牲，认为妻子放弃事业是一种浪费，对她们不公平，也能设身处地体会这种痛苦，但他们会马上补充道："没有其他选择"或"这也是无可奈何"。

令人感到奇怪的是，女性受访者似乎把她们的付出看得很轻，没有人说自己"做错了"。大多数女性将移民理解为改善家人生活的一个途径，借着"追随"丈夫，她们也在为实现家庭梦想出一分力。尽管要更换工作，尽管感到沮丧，她们仍坚称家庭会从中受益，这才是最为重要的。她们把家看作超越自我的上层结构，值得放弃"自私"的权利。

于是，移民目标的不确定性增加了。"机会"被说成是家庭的，而不是某个人的。很容易能够确定一点，迁移行动在表面看来很理性、经过精心计算，但其实追随者们（妻子）并不是那么理性、那么"计较"，特别是当家庭"作为整体"移民时。很难相信医生变成兼职的家庭教师或经理变成家庭主妇能恰当地表

---

① Jiao 与丈夫以及 10 岁的女儿一起生活。她的父母在十个月前来探望她，并一直留到现在。不过据她所说，父母不会再逗留很久。因为他们无法适应此地的生活，而且又不能跟老朋友聊天。两老只会讲福建话，而左邻右里都不会说。

达为数学公式，而这条公式的结果还表示有"净收益"。更令人感到不可思议的是，这些高学历女性无一人表达过任何怀疑——这样便能容许她们说服自己正面的回报将会来临。她们为合理化自己的决定而自圆其说，导致强烈的自我否定和自我贬抑。

即使不是所有的成员都迁移，但移民也会影响整个家庭。我们的受访者大都把移民当作"家庭决策"来讨论，尽管她们大多数说"当然"讨论过移民这个问题，但讲得出细节的人却并不多——除了行动安排。这些安排，包括谁最先移民、什么时候移民、怎样移民以及谁接下来移民等，都可以供研究者观测，或者说是可刺激研究者思考的所谓"真相"①。通过研究者观测的结果，意义和诠释被研究者指派给行动者。这些明显的"事实"再一次指明谁在移民过程中受益。当我们慢慢揭开看似统一的家庭的面纱之后，权力的辩证法就展现出来了。就算在女性最先移民的个案里，女性之所以这样做是为了自己的利益吗？

> 我认为我应该做，所以就递了申请。我丈夫没有反对……如果我是来工作的，他肯定会反对，但我来这里是为了学习……我父母不乐意……我有份很好的工作，生活非常稳定……但我希望拓宽自己的视野……
>
> Mei，女，32 岁

在 Mei 这一个案中②，她最先独自迁往新加坡，表面上很独立，把丈夫和儿子留在中国，但她与"家"（那个理想中的"家"）联系得更为紧密。像我们先前对"个体"华人移民的分析中所讨论过的孤独移民一样，Mei "好像要自由地脱离家庭的土壤，飞向天空，但就像一只风筝——家仍然牵着那根线"（Chan，1997：200）。Mei 的一部分牵着丈夫，她一直在为丈夫寻找工作机会以便他能来团聚；另一部分牵着留给父母照顾的儿子（对儿子的抚养问题 Mei 已经失去发言权）。她希望儿子学习英语，以便参加新加坡当地一所小学的入学考试，于是托父母给儿子找一个英语家庭教师，但她的父母认为英语不重要，拒绝了她的提议，对此 Mei 无能为力。除了在新加坡要面对的所有问题之外，Mei 还要在情感

---

① 不过，这些"真相"并不容易获得。大部分的细节已因移民与访谈之间的时间流逝而丢失。关于他们迁移的主要事件的描述都已被过滤。

② Mei，32 岁，借学生签证离开中国的家庭，独自来到新加坡。她儿子那时 7 岁。她的丈夫 Mo 是一名牙医，Mei 是一名工程师，这也许说明了为何 Mei 是移民的发起者。Mei 获得新加坡当地大学研究院的奖学金。这份奖学金保障了她和 Mo 后来的生活支出。Mo 在 Mei 抵达后半年才来到新加坡，同样也是用学生签证。他由于难以进入医科学院，便入读了商业管理硕士课程作为替代。Mei 离开后，儿子交给她父母照顾。由于夫妇二人皆持学生签证，因此无法申请儿子过去。本研究进行时，她的个案已被耽搁了一整年。

上承受担心和失望。当她丈夫终于来到新加坡时，她的情况非但没有改善，反而变得更糟糕：

> 丈夫不喜欢我和朋友在一块儿。他反对我经常出去……现在我很少和朋友在一起，我的生活围着办公室转。

Mei 现在和丈夫在一起了，本可以与丈夫分享生活的快乐，但是 Mei 反而比丈夫来新加坡之前更加孤独。她不能见朋友，连我们对她访谈也得安排在办公室，以防丈夫知道。Mei 告诉我们，与丈夫一起租的地方对她来讲并不是"家"，她宁愿待在办公室里。在中国时她喜欢下雨天，在家里什么也不用做只是欣赏雨景，但是在新加坡，这样的快乐没有了，因为在这里她感受不到家的温暖，而且必须听从丈夫的决定，与此同时还失去儿子的管教权。对她来说，移民并没有带来增权，而是圈套和损失。

其他跟随丈夫"成功地"移民的女性有极为不同（quite a different）的故事。这些女性中的许多人尽管地位下降许多，但还是表现得非常平静（至少表面上看起来是这样），这真是难以置信的景象。只有极少的人找到的工作与她们在中国的那份相当。这并不奇怪，"由于缺少承认外国文凭的机制，受教育水平高并不一定能保证在劳动力市场中的地位也高"（Liu，1994：584）。

举例来讲：Xie 的妻子曾是一名中医，现在却在一家诊所做接待员。Long 的妻子也是一位医生，却放弃七年的训练、八年的皮肤专科医生从业经验和新开的诊所，来新加坡与丈夫团聚，并当兼职华文教师。Zhang 的妻子原来是机械工程师，由于找不到合适的工作，留在家里照顾 16 个月大的婴儿。Hong 司法考试的结果还没出来就追随丈夫来到新加坡，现在重返学校"升级"能力。Li 的妻子先是放弃金融分析师的职位和丈夫一块去澳大利亚，之后当 Li 决定移民新加坡时，又从一个计算器学位课程中途退学，现在她待在家里。Jiao 从来没有抱怨过她在中国一所中学的教师工作，虽然和主管的关系并不是非常好，但是她喜欢同事。虽然工作时间长，上下班还得走一段有重型卡车通过的土路，但是她能从工作中获得很大的满足感。然而，丈夫让她辞职来新加坡，说他总是担心 Jiao 的安全，害怕她在上下班时在又长又"危险"的路上出什么意外。因为丈夫的担心，Jiao 辞职来到新加坡，现在是一位兼职华文老师，几乎没有工作满足感，而且赚的钱仅够贴补家用。

我们还能继续讲述更多中国女性在迁移后职业错配的故事。这些女性不仅失去自力更生的能力，还放弃了自尊。雇主赤裸裸的歧视和微妙的偏见，以及在婚姻中失去权力，必定会在她们心中激起偶尔的涟漪。然而，没有一个人对此多加评论。

当这些女性确实悲痛时，她们也是在为别的女性悲痛。可能她们正将自己认为不理想、"悲哀"的东西投射到其他女性身上。许多人声称自己的情况"并不是太差"，认为和其他女性移民相比已经够"幸运"了。这些女性在对"相对幸福感"或"相对剥夺"的理解上，明显运用了社会比较（social comparison）。她们的比较对象包括朋友、熟人、朋友的朋友，有时甚至是道听途说加上想象虚构出来的人物。借编造不幸的他者，她们自身的痛苦得到减轻：

许多人都有动机为其行动、信仰、感情寻找合理的借口。如果某人做了某事，就会想尽一切办法说服自己（和他人），他做这件事合乎逻辑而理智。

（Aronson，1972：86）

一旦移民，覆水难收，导致女性更须证明自己理性，尽管事实上不论对她们或对旁人而言她们都很不理性。她们面对不可撤回的事实，在扭曲的心理作用下如此评论自己的行为："每一次迁移都是正确的迁移"，"我不后悔"。女性知道她们不可避免要牺牲，唯有改变认知，以减轻不快。她们努力重复说服自己"毕竟，还不是太糟"，由说服变成信服。根据认知失调理论（dissonance theory），缺乏来自外在的合理化的理由时，女性移民，特别是那些显然没有从迁移中受益的女性，便开始相信自己的谎言。最好、最有效的合理化方法，就是借"家庭"意识形态，发展一系列价值观，证明一切都是"为了家庭"。家庭结构中内含一套可以将个人的不幸和痛苦淡而处之的机制。结果，为家庭的福祉牺牲就不算牺牲，而是正确的、理所当然的行为，所以，去吧！无须训练，在中国的社会化情境里，没有第二套做法了。

# 六、"我们是为了你才移民的"：迁移中的孩子

孩子又如何呢？在决定移民的过程中，孩子最没有发言权，尽管他们的人生机会（life chance）和经历受迁移的影响最为深远。对成年人来说，迁移影响他们的工作和关系网；对孩子来说，迁移影响他们的教育、生活和未来。迁移对成年人来说，只是改变、重置和适应，但对孩子来说，他们被带到一个迥然大异的环境，却没有任何选择权：

我不喜欢这里……我喜欢周末和爷爷去爬山。在家里的时候我们是这样的……在这里我只能天天上学……我想回去……妈妈说我们会回去的，可是我知

道我们再也不会回去了……

En，6岁，Ling的女儿，来新加坡不到两年

她一直要我们带她回去……刚开始我爸爸妈妈和她一起来，那时情况还好。爸妈走之后她就开始发脾气……她总是说想回杭州……有一次我告诉她如果有时间我就会带她回去看外公外婆，她以为我们再也不回来了，就跑到学校跟大家说她就要离开新加坡了……现在，她只是偶尔提一下回去的事，不那么经常了……孩子容易忘掉事情。

Ling，女，32岁①

我们的儿童受访者似乎最直言不讳，且很少受到"家庭"意识形态中那似是而非的"逻辑"影响。他们不符合原有的"家庭"信念，因此经常被研究者忽视。对迁移表达出最真实想法的孩子通常被批评为"不成熟"，他们的声音被成年人控制。家长似乎对什么适合孩子很有信心，认为孩子的适应能力很强，与家里的其他成员相比，孩子最容易适应新国家的生活。在家长看来，孩子最初发脾气的"转型"阶段是可以预料的，也是"正常"的，根本不用担心。成年人坚持认为"孩子容易忘事"，把孩子的反应视为移民的正常现象。这样一来，孩子的声音就被淹没，或者说孩子被忽视、被迫噤声了。

慢慢地孩子会停止"抱怨"，这被家长理解为"渐渐适应了本地文化和生活方式"。事实上，孩子的意见在迁移前很少被征求，在迁移后又被忽视。然而，许多家长坚持声称他们移民是"为了孩子"。

# 七、老年人"幸福"的退休生活

老年人是另一群没被聆听的移民，他们被成年子女带到新加坡享受"天伦之乐"——实则无偿照顾孙儿女。对那些已经在壮年时期长时间照顾儿女的老人来说，儿孙围绕膝下被视为"福气"的延续。中国老年人的这一支配性的文化形象（为身为爷爷奶奶感到高兴），导致为家庭的福祉而剥削老年人再一次为了家庭的名义而牺牲。

---

① Ling不是唯一一个坚持"儿童总是善忘"的人。我们的一位受访者甚至断言，小孩子只要有玩具随身，把他带到哪里都无所谓。另一位母亲说，只要儿童在当地开始上学并交到朋友，就会把中国的事情忘得一干二净。

有些夫妇自己先来新加坡，把孩子留给国内的父母照顾。一些双职工夫妇把父母接来新加坡，让父母操持家务。许多老年人持访问准证来新加坡，只有部分持的是家属准证，一小部分最后获得永久居民身份，还有更小部分人甚至申请公民证。老年人是新加坡最不永久的家庭居民，同时也对亲人最为依赖。他们在私人领域担当家务工作者，但他们的劳动不被视为工作，在公共领域备受忽略。他们的存在经常被抹消，或隐藏在家的安逸背后，"安全地"躲过公众的视线。

# 八、一切在家庭里，一切为了家庭

……在家里就是有一个地盘的感觉——空间的、认识论的和文化的——个人在这个地盘可以娴熟自如地驾驭（一切）。但是家也像其他公民机构一样，生产和再生产着身体、边界、主体位置、话语和意识形态、监控和惩罚机制。

(Sagar, 1997：237)

家庭由此变成一个令人烦恼的场所，可供调查移民决定和移民生活。在家庭里持续着极端的剥削，但同时又存在最为微妙的合理化形式。即使如此，家庭仍然可以作为一个让人对迁移的动态的复杂性有深入理解的突出场所：

家庭压迫针对的是家庭中的依赖者（dependants）和附属者（subordinates）。家庭压迫意即这些附属者不能变成第二个丈夫/父亲（在这种情况下也包括儿子），他们不得不遵照丈夫/父亲角色所施加的一切要求行动，而不是去完成特定的任务……家庭的依赖者不像一家之主那样拥有自己的劳动权……

(Delphy and Leonard, 1992：1－2)

然而，问题并不仅仅是压迫。个体被内化的"家"这一建构反过来在不知不觉中操纵着。在那些本应有选择自由的情境下，个体因为受其内心里"家"这一信念的控制，实际上并没有感受到选择的自由。表面上的"共同福祉"事实上掩盖了许多的不平等，不仅遮蔽局外人的注视，更隐藏了局内人的反思。

家庭的作用像"语言中心"，在一个人最初开展生命历程时已经开始起作用。它对每一个成员灌输其预定好的角色，并使他们遭遇特定的处境时使用指定的语言，以便不断再生同一信念。通过不断使用，一个人内化了一套语言的语法、词汇和风格，渐渐对该语言变得熟练。因此，当有两个或更多彼此完全陌生的人，就其个人特定经验响应时，竟快速地给出相似的回答，我们应该不会对此感到诧异。他们相似的回答，并非由于经历过相同的生活环境，而是因为在不同地方、不同进程中的"语言中心"都有相同的目标：将同一套语言整合到每名成员的脑袋。

这精密的结构不是新近的建构，而是有着长久的历史根源。"不理性"的迁移确实存在，且颇多发生在家庭迁移中。对某成员来说是理性的行为，对另一成员来说却可能是非理性的——尽管他们来自同一个被当成和谐、有效的家庭。就许多随行的配偶、孩子、老人来说，结构提供了个人可用来理解其旅程的一种合理化方式。迁移在目前是正确的，可能过去也是正确的，唯一的差别只在于过程和背景。正因为"新"移民面对不同的环境，产生了不同的生活模式和融入过程。

嵌入以上的新体验后，移民的图景不再浪漫。当我们明白了权力不单是压制性的，还是"生产性"的，我们会质疑，跨国主义并没有将人们从国家的边界解放，反而将他们与家绑得更紧，阻碍了任何解放的可能：

> 权力不仅集中于正规的机构组织，还固藏于人与人之间的日常关系，始于家长—小孩的关系，并逐渐在人的整个生命历程中发展下去。在这意义上，它嵌入于论述与每日的实践中。

> （Richmond，1994：10）

我们看看福柯（1971）的理论。他展示了权力在日常生活里的产出规范。于是，权力能透过世俗规范自行再生产，研究者便需要通过观察世俗的例行行动以检测和发现权力。举例而言，我们可以研究一个母亲怎样教她的孩子遵守指示，以及当孩子不听话时，她怎样惩罚孩子。对中国移民来说，此类循环往复的世俗行为围绕着他们的跨国行动，例如每周一次的长途电话：一端，女儿/媳妇打回"家"，对着话筒的彼端，或许是"投诉"，或许是想寻找慰藉；另一端，远方的母亲/婆婆可能发挥着"规训行动者"（disciplinary agents）的作用，通过强调要为整个家着想，说服女儿/媳妇接受"自我牺牲"这无私的价值观。这是跨国行为的一个主要的陷阱，把人束缚回"传统"。

# 九、在跨国的场域里建构"家庭"

从跨国的角度看，当代移民可视为在跨国边界之间维持家庭、经济和文化纽带的一群人，他们事实上使家、所在国成为社会行动的单一领域。

> （Foner，1997a：355）

用 Schiller、Basch 和 Blanc 的术语来讲，这群人是"跨国移民"（transmigrants），"其日常生活依赖跨国边界之间多重的经常联系，其公共认同的构建与一个以上的国家相关"（Schiller, et al, 1999：73），"同步嵌入"（simultaneous embeddedness）和"多重社会关系"（multi-stranded social relations）是此条件的一部分："虽然距离遥远，虽然存在跨国边界，但是特定种类的关系却在全球加强，而且正吊诡地发生在一个越来越广泛但却处于虚拟的活动场域"，可称之为"跨国主义"（Vertovec，1999：447）。这一术语形象地刻画了新加坡中国移民的生活，他们在国际舞台上进行其日常生活，以及谋划（并实现）其人生机会。

许多受访者保持与国内亲友的联系，通常是每周通一次电话。当被问到为什么要打电话时（特别是没有多少可说的话或没有重要事情时），大多数人只是笑答他们的父母"想听听儿女的声音"。虽然记不起这些谈话的确切内容①，大多数人还是会定期联系。无疑，这类通话已经变成规定的、例行化的和仪式化的符号性行动，除了用作跨国界地维持联系，这也为了得到快乐。②

通电话是一种全家人一起做的事情，促成家庭的跨国性。即使家庭成员天各一方，也会觉得彼此亲近。尽管在电话里聊闲话家常琐事，意味着可能要将收入的相当一部分花在电话费上，但对于加强"家在我心、与我常在"的信念十分重要。

每周例行的通话通常由新加坡这边的家人发起，不过只限于家庭成员和非常亲密的朋友，与普通朋友、以前的同学和同事的联系则倚重电子邮件。后一种联系的维持既有社会原因，也有经济原因，发挥着非正式信息来源的作用，也方便获得工作信息。

礼物交换也可以被视为一种家庭仪式，其符号性的表演通过强调互赖与互助，将家庭成员凝聚在一起，以建立"家庭"的团结性。大多数交换的礼物在中国和新加坡都可以买到，但是人们仍然在两地互相邮寄这些礼物，好像另一边真的买不到一样，又好像价格差异大到足以合理化他们的行为。

商品的可及性和并不存在的价格差异，显然被参与礼物交换的人们视而不见，这意味着礼物在维持精神纽带和联系方面具有重要意义。礼物交换与特定对象的需求没什么关系，主要是与送礼的意义有关。礼物含有赠送者的"心意"和爱。再深一层，礼物用来建构及再生产"家庭"意识形态。

回国探亲有同样效果。移民定期回国探亲，间隔视乎时间和资源而定，一般一年回去一次。这类回国之行用以重整家庭关系、与留在原居地的亲友联系。一些人可能认为移民离乡后受到的社会控制会松懈下来，但事实却相反，这些回访

---

① 谈话内容无非是"最近过得怎样""身体好吗""有没有困难"等。

② 通常妻子是联系的人，而非丈夫。

持续更新和加固社会纽带。

并非所有人都喜欢回国探亲，因为回去不过是被一堆亲友围着吃饭聊天，但大多数人仍把回国探亲像任务一样执行下去。这一任务重建家庭的凝聚力，并再一次将个人与理想中的"家"相连。有时移民家庭会派出代表执行任务——通常是成年女性。他们对回国探亲感到矛盾，大多数人并不"兴奋"，而是"厌烦"。不过，男性的感觉仅止于此，而女性觉得这样的旅行比较有意义。尽管她们也觉得回国探亲"令人身心疲惫"或"枯燥无味"，因为大部分时间都花在聊天和吃饭上，但也认为回国探亲"能在情感上获得满足"。她们本可以去别的地方度假，但总是回去中国。

我们并不是说跨国性实践除了国界之间的象征性互动外便毫无贡献，跨国主义及它的实践提供了另一种移民经验的诠释：

现在，你不会再认为家是住在同一个屋檐下的三代人了……离家远我也并不觉得自己不是家的一分子……我仍然尽可能与家人保持联系；不管我在哪里……我总是一年看一次父母。

Min，女，单身，35 岁

我们仍然在一起做事情……如果有任何问题，我都会和家人商量……尽管我们不住在一块，我们心里仍然牵挂着彼此……我们仍然通过各种方式沟通联系。

Dong，女，单身，30 岁

于是，移民家庭能将自己再次嵌入到跨国空间之中。移民日常生活中有意识的行动，都是在觉察到这一空间的背景下进行的。我们的其中一位受访者称移民受国内家庭社会网络的束缚和控制减少，导致失根的年轻夫妇离婚率上升。与他的说辞正好相反，家庭的控制并不一定随着距离的拉大而减少。我们可以看成跨国主义扩展了选择的边界，移民不一定要服从某一边，非此即彼。可能性增加了，可以同时选择两者，彼此同纳，或两者都不依从，彼此皆拒。跨国主义是机会，是摆动，是选择。移民不再被困于某一状况，选择一方，便须以失去另一方为代价。一个人变得能同时在这里又在那里，不用极端地只能选择某一端。

拔根（uprooting）、重置（resettling）、同化（assimilating）和整合（integrating）的意象已经弱化。移民不需要面对"要么适应新的社会，要么返回"这样一对孤立的、相互排斥的二分法的选项。移民在所在国的生活呈现出新景象，因为他们探索、开拓出新选择。"家"不再限于本地，也不再强制同化。当移民谈及故乡中国和现在身处的新加坡时，不能时刻都理性化的主观感受和集体情感扮

演了重要角色。跨国性实践就是思考未知的、未踏足的、未曾想象过的地方，代表着想象、梦想和渴望。

但是跨国性实践并非总能给予移民渴望。跨国主义被理解为"高于"国家的一种现象（Vertovec，1999：447），被那些幻想可以将之用作取代单一民族国家的研究者所美化。跨国主义承载着太多不能实现（至少现在还未兑现）的承诺。虽然已经有学者讨论过跨国主义的缺点（Portes，et al.，1999），但其消极作用还是被忽视了。

跨国的生活方式（最近的文献对其大加赞扬）对于那些没有资源的人来说仍然遥不可及。资源掌握的差异可能导致更大的差距，将跨国主义者和被束缚在原居地的人区分。

家庭成员享受跨国主义生活方式的机会也不平等。老年人可能掌握不了借互联网与世界联结的技术，一些人甚至不知道怎样打长途电话。科技掌握在他们的成年子女手上。成年男性无疑在跨国空间里拥有更多的权力，掌握着通往未知新世界的钥匙。

# 十、结论

本文以社会学的眼光去理解中国移民家庭，关注迁移中的家庭及其成员和动态。尽管几十年来家庭研究和移民研究层出不穷，但都是把家庭和移民视为两个独立的主题。若将两个领域混成，将产生更加丰富的成果。当今时代，流动日益加快，移民业已成为日常生活的重要组成部分，然而家庭研究的范围仍然有限，未关注其流动。移民家庭的数量非常庞大，若不研究就不能反映其真实情况。同样地，在移民研究开始确立地位之时，也需要将家庭纳入研究视野，以增加分析的价值。本研究即是将移民和家庭这两个社会现象结合分析的成果。

当代人的迁移源于广泛的动力，既包括经济形势、入境和出境政策等宏观结构背景，也包括"微观—个体"层次上的个人动机。中国移民也不例外，其迁移目的各不相同。移民并不是一个随意的行为，而是经过仔细考虑的，而且只有那些拥有资源的人才有能力实现移民的理想。同样地，没有人会仅仅因为一系列推拉因素而移民，也不会在纯粹的经济理性推动下移民。个体移民的迁移决定是在家庭背景下产生的，尽管每一家庭成员根据其地位所拥有的协商实力并不相同。

家庭移民中，并非所有人都受惠，实际上不少人永远不是受益者。一些人发出的抱怨声几乎从来没被注意过：大多数人都说自己在迁移过程中获得正面的回报，反对者都被家庭结构的限制甚或研究者的限制（尽管是无意的）消音。长久以来，家庭移民一直被视为一种集体行动（collective move），家庭中的每个人被视为整体中的一部分。虽然最近家庭关系的压迫性本质被重新置入移民家庭研究之中，但是家庭拥有能产生或再生其成员必须遵守的规范的权力（个体本人并未意识到），此事实仍被忽视。家庭作为生产正当化（justification）讯号的场所，这一点仍未得到足够的研究和理解。

在家庭移民中，"跟随的配偶"（trailing spouse）本是指嫁鸡随鸡的妻子随丈夫迁移，本文所讨论的大部分家庭移民都属于这种情况。但是丈夫也会"娶鸡随鸡"，跟在妻子后面，只是数量少一些。在本研究中，分析的焦点由传统的男性代表转移到其他家庭成员上，这可能会产生另一种相反的偏见。

跟随妻子移民的丈夫在解释自己的情况时，会寻找各种借口以显得他们并不是跟随妻子移民。同样地，处于混乱或地位下降（职业上或家庭中的地位）的跟随丈夫移民的妻子可能会借"密不透风的自圆其说系统"（air-tight system of self-justification）来正面地解读自己的困境，以使自己可以正面解读其痛苦。这种行为在一些在社会化过程中内化了自我说服技巧的女性身上特别明显。

再深入一点，孩子和老人也经常必须"跟随"（follow）家庭移民。家长从来没有咨询过孩子的意见，出于尊重，他们会征求老人的意见，但最初通常很少问及老人的看法，一般是在已经计划要移民之后才告知。因此，老人和孩子自然在研究中占的分量很少。老人和孩子只是依赖者，对有关移民的决定根本无缘置喙，他们的沉默被家庭传达出来的温馨、充满爱的形象掩盖。在这一形象中，成年人为孩子着想而移民，予孩子更"美好"的未来；老人则与家人一起安享幸福的退休生活，不用被抛弃在中国。

对于家，每个人都有不同的理解。家庭的"可见性"视其成员如何界定它。与男性相比，女性对哪些人应该被纳入家的范围有着更为宽泛的界定。这一界定反过来影响个体如何参与家庭活动，包括维持跨国网络。这些跨越国家边界的活动，为着不同的目的而进行着，并得益于科技进步而变得更加频繁。这没有排除传统的联络方式，它仍然具有符号性的价值。

"家庭"有强大的力量。家庭必定把成员牢牢固定成一个整体，特别是面对共同的"敌人"——充满敌意的移居地环境时。为了克服它，"家庭"作为理念和意识形态首度被社会建构。此过程早在迁移之前在人的社会化过程中便开始了，特定的建构能力依个体的社会角色慢慢灌输给他们。通过迁移，移民可能会挣脱家庭的束缚，许多研究确实盛赞迁移具有的解放性，但我们并不认同。当移民在空间上远离家时，他或她并非随波逐流的个体，反之仍然与"祖国"的那个家相连。跨国主义尽管经常被理解为超越国界的东西，但至今未能超越家庭的

道德指南针（moral compass）。

　　不同人经验跨国主义的形式也不同。进行跨国行为的中国移民花了大部分时间再生产"家人在一起"这一"真实"，因此更绑紧了与在祖国的家的联系。要理解移民家庭，便要把迷失了的个体重新放回家庭背景下检视。做研究如此，实践上亦然。

### 参考文献

［1］ARONSON E. The social animal. New York：W. H. Freeman & Company，1972.

［2］BERGER P L. Invitation to sociology：a humanistic perspective. New York：Doubleday & Co. ，1963.

［3］BOYD M. Family and personal networks in international migration：recent developments and new agendas. International migration review，1989，23（3）．

［4］CHAN K B & DORAIS L J. Family，identity and the Vietnamese diaspora：the Quebec experience. Sojourn，1998（13）．

［5］CHAN K B. A family affair：migration，dispersal and the emergent identity of the Chinese cosmopolitan. Diaspora，1997（6）．

［6］COURT C. Introduction to sociology. Wirral，Merseyside：Tudor，1997.

［7］DAUGHTERTY H G & KAMMEYER K C W. An introduction to population. New York：The Guilford Press，1995.

［8］DAY L H & ICDUYGU A. The consequences of international migration for the status of women：a Turkish study. International Migration，1997（35）．

［9］DELPHY C & LEONARD D. Familiar exploitation：a new analysis of marriage in contemporary western societies. Cambridge：Polity Press，1992.

［10］EICHLER M. Family shifts：families，policies and gender equality. Oxford：Oxford University Press，1997.

［11］FAWCETT J T & ARNOLD F. Explaining diversity：Asian and pacific immigration systems//FAWCETT J T & CARINO B V. Pacific bridges：the new immigration from Asia and the pacific islands. Staten Island，New York：Center for Migration Studies，1987.

［12］FONER N. What's new about transnationalism? New York immigrants today and at the turn of the century. Diaspora，1997a（6）．

［13］FONER N. The immigrant family：cultural legacies and cultural changes. International Migration Review，1997b（31）．

［14］FOUCAULT M. Madness and civilization：a history of insanity in the age of reason. London：Tavistock Publisher, 1971.

［15］GRIFFIN K. On the emigration of the peasantry. World Development, 1976 （4）.

［16］HENDRIX L. Kinship, social class, and migration. Journal of marriage and the family, 1979 （41）.

［17］HUGO G. International labor migration and the family：some observations from Indonesia. Asian and pacific migration journal, 1995 （4）.

［18］KAMIAR M S & ISMAIL H F. Family ties and economic stability concerns of migrant labour families in Jordan. International migration, 1991 （29）.

［19］KHALED L. Migration and women's status：the Jordan case. International Migration, 1995 （33）.

［20］KIBRIA N. Family tightrope：the changing lives of Vietnamese Americans. Princeton：Princeton University Press, 1993.

［21］KRITZ M M & ZLOTNICK J H. A migration system approach// KRITZ M M, LIM L L & ZLOTNICK J H. International migration systems：a global approach. Oxford：Clarendan Press, 1992.

［22］LAING R D. The politics of family and other essays. New York：Vintage Books, 1972.

［23］LEE E S. A theory of migration//JACKSON J A. Migration. Cambridge：Cambridge University Press, 1969.

［24］LIU X F. A case study of the labour market status of recent mainland Chinese immigrants, metropolitan Toronto. International Migration, 1994, 34 （4）.

［25］MINCER J. Family migration decisions. Journal of political economy, 1978 （86）.

［26］MOROKVASIC M. Birds of passage are also women…International migration review, 1984, 18 （4）.

［27］NGO H. The economic role of immigrant wives in Hong Kong. International Migration, 1994, 32 （3）.

［28］PAN L. The encyclopaedia of the Chinese overseas. Singapore：Archipelago Press, 1998.

［29］PARMAR P. Gender, race and class：Asian women in resistance//The empire strikes back：race and racism in 70s Britain. University of Birmingham：Center for Contemporary Cultural Studies, 1984.

［30］PEARSE A. Urbanization and the incorporation of the peasant//FIELD A J. City

and country in the third world: issues in the modernization of Latin America. Cambridge: Schenkman, 1970.

[31] PEDRAZA S. Women and migration: the social consequences of gender. Annual Review of Sociology, 1991 (17).

[32] PEREZ L. Immigrant economic adjustment and family organization: the Cuban success story re-examined. International migration review, 1986 (20).

[33] PESSAR P R. Engendering migration studies: the case of new immigrants in the United States. The American behavioral scientist, 1998, 42 (4).

[34] POHJOLA A. social networks-help or hindrance to the migrant?. International migration, 1991, 29 (3).

[35] PORTES A, GUARNIZO L E & LANDOLT P. The study of transnationalism: pitfalls and promise of an emergent research field. Ethnic and racial studies, 1999 (22).

[36] POSTON D L & YU M Y. The distribution of the overseas Chinese in the contemporary world. International migration review, 1990 (24).

[37] PRYOR R J. Southeast Asia: migration and development//Migration and development in Southeast Asia: a demographic perspective. Kuala Lumpur: Oxford University Press, 1979.

[38] RUSSELL S S. Migrant remittances and development. International Migration, 1992, 30 (3/4).

[39] SAGAR A. Homes and postcoloniality. Diaspora, 1997 (6).

[40] SASSEN-KOAB A. Labor migration and the new international division of labor// NASH J & FERNANDEZ-KELLY M. Women, men and the international division of labor. New York: State University of New York, 1983.

[41] SCHILLER N G, BASCH L & BLANC C S. From immigrant to transmigrant: theorizing Transnational migration// PRIES L. Migration and transnational social spaces. Adershot, Hants, England; Brookfield: Ashgate, 1999.

[42] SHIHADEH E S. The prevalence of husband centred migration: employment consequences for married mothers. Journal of marriage and the family, 1991 (53).

[43] SIMMEL G. The stranger//SIMMEL G. Soziologie. Leipzig: Duncker and Humbolt, 1908.

[44] SIMON R J & BRETTEL C. International migration: the female experience. New Jersey: Rowman and Allanheld Publishers, 1986.

[45] SJAASTAD L A. The costs and returns of human migration. Journal of politi-

cal economy, 1962 (70).

［46］ SKELDON R. On mobility and fertility transitions in east and southeast A-sia. Asia and pacific migration journal, 1992a, 1 (2).

［47］ SKELDON R. International migration within and from the east and southeast Asian region: a review essay. Asia and pacific migration journal, 1992b, 1 (2).

［48］ SOWELL T. Migrations and cultures: a world view. New York: Basic Books, 1996.

［49］ VERTOVEC S. Conceiving and researching transnationalism. Ethnic and racial studies, 1999 (22).